Harriet Buchheit über sich:

»1963 wurde ich in Landau geboren. Nach dem Abitur studierte ich Fremdsprachen. Seit 1985 bin ich als Flugbegleiterin bei der Deutschen Lufthansa beschäftigt. Schreiben war schon immer eine meiner liebsten Tätigkeiten und ist heute mein ‚Nebenberuf'. Mein erstes Manuskript habe ich mit vierzehn Jahren geschrieben. Pferde sind immer die ‚Hauptpersonen' in meinen Büchern geblieben. Mit zehn Jahren hatte ich meine erste Reitstunde, die ich meinen Eltern nach langem Kampf hatte abbetteln können. Danach ritt ich einige Jahre mehr oder weniger regelmäßig, bis ich nach Erscheinen meines ersten Buches ein eigenes Pferd bekam. Pferdebücher schreiben möchte und werde ich auch weiterhin, und mein Kontakt zu Pferden und reitbegeisterten Freunden regt mich immer wieder zu neuen Ideen an.«

Bei Ensslin sind u. a. erschienen: »Sprung für Sprung mit Aladin«, »Ein Herz für Pferde« und »Julia siegt auf Diamant«.

Harriet Buchheit

xxxxxx Julia xxxxxx

und die Pferde-freunde

xxxxxx Band 1 xxxxxx

ENSSLIN & LAIBLIN VERLAG REUTLINGEN

Umschlag- und Innenillustration:
Karin Schliehe

 Satz: ensslin-typodienst. Reproduktion / Umschlag: Fa. Gröning GmbH, Ditzingen. Gesamtherstellung: freiburger graphische betriebe, Freiburg. Printed in Germany.
ISBN 3-7709-0832-5

Ein Haus auf dem Land

Als Tante Kristina, über siebzigjährig, sanft entschlief, lebten wir gerade in Rom. Papa war von seiner Firma zwei Jahre zuvor dorthin versetzt worden, für zwei, drei, vielleicht auch vier Jahre, wie es geheißen hatte. Papa ist Bauingenieur, ein sehr tüchtiger sogar, doch in letzter Zeit hat er angefangen, sich nach einem gemütlichen Rentendasein zu sehnen.

Dazu muß ich sagen, daß Papa nicht mehr der Jüngste ist. Er ist sogar wesentlich älter als die Väter der meisten Kinder in meinem Alter, nämlich einundsechzig. Und er ist der Ansicht, mittlerweile genug für seine Firma geleistet zu haben. Er träumt davon, in Zukunft nur noch seinem Hobby zu frönen: der Schriftstellerei. Papa möchte leidenschaftlich gern Kriminalromane schreiben und veröffentlichen.

Nun, als uns die Nachricht vom Tode Tante Kristinas erreichte, saßen wir gerade beim Frühstück. Das Telefon läutete, Mama ging an den Apparat und meldete sich mit »pronto!«, wie sich das in Italien gehört. Dann sprach sie auf Deutsch

weiter, sehr gedehnt und mit überrascht klingender Stimme.
»Patricia, du?«
Papa ließ den Marmeladenlöffel ins Glas fallen.
Seine Augenbrauen schnellten in die Höhe und verschwanden beinahe unter einigen grauen Haarfransen, die ihm in die Stirn fielen.
Auch ich war überrascht. Meine Tante Patricia gehört eigentlich nicht zu den Menschen, über die wir reden – und schon gar nicht zu denen, mit welchen wir reden.
»Was sagst du, wer ist gestorben?« hörten wir dann Mamas Stimme. Natürlich hatte sie sich nicht nach Tante Patricias Befinden erkundigt.
»Tante Kristina ist gestorben? Woran denn?«
Papa fischte den Löffel wieder aus dem Marmeladenglas und senkte die Brauen.
»Vermutlich Herzversagen, soso.«
Papa biß heftig in sein Brötchen, verschanzte sich hinter seiner Morgenzeitung, »Il Messagiero«, knurrte einige mißmutige Kommentare und pfefferte dann die Zeitung auf den Boden. Gleich darauf kehrte Mama in die Küche zurück.
»Tante Kristina ist gestorben«, verkündete sie mit Trauermiene und Trauerkicks in der Stimme.
»Nun tu nicht so, du kanntest sie ja kaum«, erwiderte Papa.
»Außerdem war sie uralt«, bekräftigte ich.
Mama schaute uns beide an, als wären wir zwei herzlose Ungeheuer. »Immerhin war sie die Frau von Onkel Gustav. Und Onkel Gustav war der Cousin meines Vaters.«
»Und Tante Kristina war nur angeheiratet«, sagte ich mit Nachdruck. »Wir haben sie in unserem Leben einmal gesehen. Na ja, du vielleicht etwas öfter.«
Mama mußte überlegen. »Dreimal«, meinte sie dann, griff nach dem Marmeladenlöffel und lutschte ihn nachdenklich ab. Papas Brauen schossen wieder in die Höhe. Er stand auf, öffnete die Besteckschublade, kramte darin herum und kehr-

te dann mit einem neuen Löffel an den Tisch zurück, den er demonstrativ in die dunkelrote Marmelade versenkte.
Währenddessen versuchte ich mich an Tante Kristina zu erinnern. Eigentlich wußte ich von ihr nur, daß sie Norwegerin gewesen war, aus einem Ort namens Bergen, den ich irgendwann im Geographieunterricht einmal auf der Landkarte entdeckt hatte. Sie hatte Onkel Gustav in München kennengelernt. Da ihr der Onkel und auch Deutschland gut gefielen, entschloß sie sich, beiden treu zu bleiben. Vor einigen Jahren war Onkel Gustav gestorben, und seitdem hatte man von Tante Kristina nichts mehr gehört.
»Ich glaube allerdings, daß Patricia und ich die einzigen näheren Verwandten sind«, sinnierte Mama.
Papa, der gerade seinen »Messagiero« wieder aufklaubte, machte ein erfreutes Gesicht. »Vielleicht habt ihr ja etwas geerbt.«
»Hatte sie nicht ein eigenes Haus?« warf ich begierig ein.
»Wie könnt ihr nur an so etwas denken!« Mama schluchzte auf und warf uns anklagende Blicke zu.
Papa und ich machten einen Versuch, zerknirschte Mienen zur Schau zu tragen, der aber eher kläglich ausfiel.
»Sie hatte ein Haus.« Mama überlegte. »Vielleicht werde ich ja zur Testamentseröffnung eingeladen.«
»Hoffentlich hast du das Haus geerbt«, spann Papa den Faden weiter. »Dann kündige ich sofort, wir ziehen wieder nach Deutschland, und ich werde Krimis schreiben.«
»Und wenn Patricia es geerbt hat?« gab Mama zu bedenken.
»Das würde ihr ähnlich sehen«, mäkelte Papa und machte ein griesgrämiges Gesicht.
»Sie hat mir immer gern alles weggeschnappt.«
»Falls du dabei an Rüdiger denkst«, kam es verächtlich von Papa, »so steht wohl außer Frage, daß du Glück hattest, von ihm befreit zu werden.«
Ich mußte mir ein Grinsen verkneifen.

Rüdiger heißt eigentlich Ernst-Rüdiger. Er war Mamas erster Mann. Ihre Cousine Patricia, damals noch mit Mama befreundet, hatte ihn auf irgendeiner Familienfeier kennengelernt und ihn Mama ausgespannt, was das freundschaftliche Verhältnis der beiden abrupt beendete.
Glücklicherweise lernte Mama bald darauf meinen Vater kennen. Der war damals schon nicht mehr ganz jung und auf dem besten Weg, ein eigenbrötlerischer Hagestolz zu werden. Aber Mama hat ihn erfolgreich in den Hafen der Ehe gelenkt und ihn dann noch ganz gut zurechtgebogen.
»Erinnere mich nicht an Rüdiger«, zeterte Mama jetzt. »Er war die größte Enttäuschung meines Lebens.«
Papa schwieg diplomatisch. Ich versuchte, mein Grinsen zu verstecken und statt dessen einen dramatischen Zug um meine Mundwinkel zu zaubern. Ich beugte mich über Carina, unsere Dalmatinerhündin, die seit einer halben Stunde geduldig unter dem Frühstückstisch lag, mit feuchten, hungrigen Augen, tropfenden Lefzen und seelenvollem Blick. Sie hoffte wohl darauf, daß ihr gebratene Tauben ins Maul fliegen würden. Statt der Tauben bekam sie ein Stück Butterbrot von mir, und anhand der dicken Krümel, die rund um Papas Platz zu finden waren, erkannte ich, daß auch er sie fleißig gefüttert hatte.
Natürlich sagte er prompt zu mir: »Laß das bitte, der Hund wird sonst zu fett.«
»Dann kannst du ja gleich mit ihm spazierengehen«, erwiderte ich.
»Ich? Wieso denn ich?« Papas Mimik zeigte deutlich Verwunderung.
»Dir würde ein bißchen Bewegung auch guttun«, stellte ich nüchtern fest.
Papa schaute an sich hinunter, betrachtete eine Weile sein kleines Bäuchlein und sah dann wieder mich an. »Für einen Mann meines Alters bin ich toll in Form«, behauptete er.

»Trotzdem würde dir ein Spaziergang nicht schaden.«
»Ich habe meinen freien Tag. Heute ist Sonntag.«
»Und ich habe eine Verabredung.«
»Was? Wo? Mit wem? Warum?« fragte Papa wie aus der Pistole geschossen.
»Weil ein schöner Tag ist.«
»Mit wem bist du verabredet? Etwa mit diesem komischen Sergio? Der Junge ist mir nicht geheuer. Nein, ich weiß, ich weiß . . .« Papa fuchtelte mit der Hand über dem Tisch herum. »Sag mir nichts, ich weiß alles.« Er legte eine dramatische Pause ein. Ich wartete gespannt ab, was er zu wissen glaubte. »Es ist dieser Massimo, der Sohn vom Apotheker.«
»Massimos Vater ist Drogist, und davon abgesehen interessiert er mich nicht die Bohne.«
»Ach!« rief Papa und ließ den Rest seines Brötchens unterm Tisch verschwinden, wo Carina es erfreut und begierig in Empfang nahm.
»Worüber streitet ihr denn?« mischte Mama sich ein, die mit ihren Gedanken immer noch bei Tante Kristina und der Erbschaft war.
»Wir streiten nicht. Papa soll mit Carina spazierengehen, weil beide zu dick werden«, erklärte ich.
Papa stand auf, ganz Würde und Entrüstung, und warf seine Serviette mit Nachdruck auf den Tisch.
»Wenn meine eigene Tochter vor mir Geheimnisse hat!« rief er mit Pathos.
»Ach Papa!« Ich seufzte tief. »Stell dich doch nicht so an! Ich treffe mich mit Maria und Bice an der Galleria Borghese, und dann . . .«
»Ah, ihr wollt etwas für eure Bildung tun«, unterbrach Papa besänftigt.
»Nein. Wir wollen uns in die Sonne legen und tratschen und Leute anschauen«, korrigierte ich.
Papa gab auf.

Mit hängenden Schultern stapfte er über die am Boden liegenden »Messagiero«-Blätter hinweg von dannen und dachte nicht daran, sein Frühstücksgeschirr abzuräumen.
»Geh du doch mit Carina spazieren«, bat meine kummergewöhnte Mutter.
»Heute nicht, ich habe eine Verabredung«, wiederholte ich verbohrt. Mit schlechtem Gewissen, aber hocherhobenen Hauptes ließ ich Mama mit Geschirr und Hund und ihren Träumen von einer großen Erbschaft zurück.

Tante Kristina war die einzige Erbtante, die wir hatten. Wir waren alle sehr erleichtert, als uns eine Benachrichtigung ihres Notars erreichte, der Mama zur Testamentseröffnung bat. Sie weinte noch einmal ein bißchen, aber die Spannung vertrieb die letzten Anflüge von Trauer.
Sie bestellte ihre Flugkarte und stellte in Gedanken ihre Reisegarderobe zusammen.
»Ich möchte nicht, daß Patricia mich wieder aussticht«, erklärte sie mir aufgeregt.
Nach allem, was ich von Tante Patricia wußte, legte sie sehr viel Wert auf Äußeres.
Die wenigen Fotografien, die sich noch in unseren alten Alben befanden, zeigten sie als große, schlanke, blonde junge Frau mit verführerischem Lächeln.
»Die Haare waren nachgefärbt«, behauptete Mama. »Und ob sie noch so schlank ist . . .« Mama, einen halben Kopf kleiner, eher mollig und mütterlich, hatte sich ihrer Cousine schon immer unterlegen gefühlt. Und dann die Sache mit Ernst-Rüdiger . . .
»Ob du ihn wohl treffen wirst?« fragte ich aus meinen Gedanken heraus.
»Wen?« Mama biß sich auf die Lippen und beugte sich tief über ihren riesigen Koffer.
»Na, Ernst-Rüdiger!«

»Oh, Rüdiger. Ich weiß nicht.« Mama lächelte schwach. »Vielleicht.«
»Ob er sich verändert hat?«
»Warum sollte er!«
Papa pflegte zu sagen: Einmal ein Versager, immer ein Versager. Er hielt von Ernst-Rüdiger nicht das geringste.
Er hielt auch von Mamas Deutschlandreise nicht viel. Über den Preis der Flugkarte regte er sich auf. »So viel Geld, nur um einen mottenzerfressenen Nerz zu erben!« Er wedelte mit dem teuren Ticket vor Mamas Nase herum.
»Woher weißt du das?«
»Woher weiß ich was?«
»Daß ich einen Nerz geerbt habe.«
Wir starrten Mama an. »Wieso, hast du denn einen geerbt?«
»Woher soll ich das wissen?« Mama warf noch einige Utensilien in ihren Koffer.
»Und wieso reden wir hier eigentlich von Nerzen?« Papa klang irritiert.
»Weil du davon angefangen hast.«
»Ich?« Papa ging mit Riesenschritten auf und ab. »Ich hasse Nerze. Außerdem wünsche ich nicht, daß meine Frau sich mit solchen Dingen behängt.«
Mama und ich sahen einander an und ließen Papa weiter seine Runden drehen, ohne noch ein Wort zu sagen. Plötzlich hielt Papa inne, starrte auf Mamas Riesenkoffer und ließ blitzartig seine Augenbrauen hochschnellen. »Hast du die Absicht, eine Weltreise anzutreten?«
»Nein, ich fliege nach Deutschland, wie du inzwischen sehr wohl weißt.« Mama suchte ihr beiges Reisekostüm.
»Und ich soll wohl den Koffer zum Schalter tragen?« mutmaßte Papa.
»Ich kann auch einen Gepäckträger nehmen«, entgegnete Mama bissig.
Papa schnaubte und setzte seine Wanderung fort.

». . . oder gleich ein Taxi.« Jetzt schluchzte Mama.
Papa blieb erneut stehen, warf einen verzweifelten Blick zur Zimmerdecke und erwiderte milde: »Nein, nein, ich fahre dich natürlich.«
»Wie großzügig von dir«, meinte Mama verschnupft, stieg aus ihrem Kleid und präsentierte dabei einen neuen seidenen Unterrock. Papas Blick fiel auf das Prachtstück, aber er war großzügig genug, nichts zu sagen.
Mama zog Bluse und Rock an, schnappte ihre Kostümjacke und sagte, während sie das Zimmer verließ: »Du darfst den Koffer bringen.«
Papa klappte das Ungetüm zusammen, schleppte es mißmutig aus dem Raum und knurrte mir dabei zu: »Taxi nach Fiumicino! Was das kosten würde!«
Nun wurde es auch mir zu bunt. Papa gehörte schließlich nicht gerade zu den Schlechtverdienenden. Mit gefurchter Stirn warf ich ihm einen anklagenden Blick zu und überließ dann ihn samt Koffer seinem Schicksal.
Zu viert fuhren wir schließlich zum Flughafen. Papa saß griesgrämig hinterm Steuer, Mama neben ihm schaute zum Fenster hinaus. Ich teilte mir mit Carina den Rücksitz. Carina, die Autofahren nicht vertrug, aber immer mitkommen wollte, lag zusammengeringelt neben mir, schluckte und hechelte und sah mich aus großen, dunklen Augen leidend an.
»Du wolltest ja unbedingt mit«, brummte ich.
Carina fiepte leise. Als ich sie streicheln wollte, wandte sie mit geräuschvollem Schlucken den Kopf ab.
»Hoffentlich hast du wenigstens etwas geerbt.« Mit diesen Worten gab Papa seinen heimlichen Träumen Ausdruck, als wir Mama verabschiedeten.
»Sonst wäre ich nicht zur Testamentseröffnung gebeten worden«, antwortete Mama kühl.
Der Abschied der beiden fiel nicht gerade herzlich aus. Papa dachte mit Unbehagen an Rüdiger – und Mama an Patricia.

Ich ahnte es, auch wenn sie es mit keiner Silbe erwähnten. Auf dem Rückweg vom Flughafen brachte ich das Thema zur Sprache. »Wie ist er denn so?«
»Ein ganz kleines Licht«, knirschte Papa. »Unverständlich, wie eine Frau sich für so etwas begeistern kann.«
»Aber er sah doch sehr gut aus damals.«
»Woher weißt du das?«
Carina auf dem Rücksitz hechelte und würgte.
»Wir hätten sie zu Hause lassen sollen.« Papa ärgerte sich.
»Sie will doch immer mit. Und sie gehört auch dazu.«
Wir mußten anhalten und Carina Luft schnappen lassen. Danach weigerte sie sich, wieder einzusteigen.
»Ist es denn die Möglichkeit!« rief Papa aufgebracht. »Woher weißt du überhaupt, wie Rüdiger aussieht?«
»Ich habe mal ein Foto gesehen – von ihm und Mama.«
»Ein Foto?« Papa stellte seine Versuche, Carina auf die Rückbank des Autos zu locken, für Sekunden ein. »Wir haben doch alle Fotos vernichtet.«
»Mama hat noch eins.« Hoppla, das war unvorsichtig.
Papa bekam sofort einen knallroten Kopf. Er packte Carina am Halsband und Hinterteil und wuchtete sie entschlossen ins Innere des Autos. »Das nächstemal bleibt der Hund zu Hause!« donnerte er.

Als wir Mama einige Tage später wieder abholten, saß Carina erneut auf dem Rücksitz. Und Papas Gedanken kreisten erneut um Rüdiger, das sah ich seiner verkniffenen Miene an. Mama erwartete uns bereits, da ihre Maschine zu früh gelandet war. Sie lachte und winkte. Während sie Papa großzügig den riesigen Koffer überließ, dessen Gewicht noch zugenommen hatte, hakte sie mich unter und strahlte wie die römische Sommersonne.
»Haben wir geerbt?« fragte ich begierig.
»Wie geht's Patricia?« fragte Papa böse.

»Gut. Sehr gut.« Mama ließ sich die Laune nicht verderben. »Sie sieht noch immer recht passabel aus.«
»Und Rüdiger?« wollte Papa wissen. Seine Stimme klang lauernd. Er mühte sich mit dem Koffer ab.
»Den habe ich nicht gesehen.«
Schlagartig verbesserte sich Papas Laune. Nicht einmal der Anblick der Essensreste, die Carina auf die silbergrauen Polster seines Wagens gespuckt hatte, brachte wieder grämliche Falten in sein heiteres Gesicht. Er beseitigte die Ferkelei, schob erst den Koffer, dann Mama und mich in den Wagen und brauste zurück nach Rom.
»Na, was gibt's denn zu erben?« fragte er unterwegs.
»Oh, gar nicht so viel.« Mama überlegte. »Ein alter Nerz, den bekam die Hausdame. Auch etwas Schmuck.«
»Also, kein Nerz, wie schön!« Papa strahlte.
»Ein wenig Geld war auch da – das hat der Tierschutzverein bekommen.«
Papa war enttäuscht.
Ich nickte zufrieden.
»Und dann – ein Hund.«
»Ein Hund?« wiederholte Papa irritiert. »O nein, nicht noch ein Hund!«
»Woher weißt du . . .?«
»Was?« fragte Papa ahnungsvoll.
». . . daß wir den Hund geerbt haben? Er ist wohl für Julia gedacht. Er heißt übrigens Whiskey Sour.«
»Der Hund?«
»Ja. Vorläufig kümmert sich die Hausdame um ihn.«
Papa starrte durch die Windschutzscheibe und schluckte. Er sah aus, als hätte er einen Geist vor sich. »Noch ein Hund!« klagte er.
»Finde ich prima!« rief ich.
»Ja. Ein Pferd gibt es übrigens auch«, fügte Mama hinzu.
»Haben wir das auch geerbt?« Papa klang entsetzt.

Nun wurde ich zappelig. Ein Pferd! Herrje, wäre das wunderbar, ein Pferd geerbt zu haben! Ich war früher geritten, fast drei Jahre lang, hatte aber, seit wir in Rom lebten, nicht mehr auf einem Pferderücken gesessen.
Meine Enttäuschung war groß, als Mama erklärte, Patricias Familie habe das Pferd geerbt.
»Gott sei Dank, dann können die den Fresser ernähren«, frohlockte Papa.
»Ich hätte mich gefreut.« Ich seufzte.
»Kristina reitet doch«, warf Mama erklärend ein. Kristina, so genannt nach Tante Kristina, war Patricias Tochter. Sie war ein Jahr älter als ich, viel mehr wußte ich nicht von ihr.
»Verflixt, hättet doch ihr mich Kristina genannt!« Ich grunzte anklagend.
»Patricia war eben wieder einmal schneller«, stellte Mama schulterzuckend fest.
»Glücklicherweise. Kristina mit K! Nur wegen dieser alten Tante«, mäkelte Papa.
»Und wer hat vorgeschlagen, Julia Tante Kristinas zweiten Vornamen zu verpassen?« empörte Mama sich. »Thora! Julia Thora! Das ist ja fast ein Verbrechen.«
»Hauptsache, deine Tante hat uns nicht vergessen«, wandte Papa ein. Mama starrte ihn an. Entsetzen im Blick. »Nach all den Jahren zeigst du also dein wahres Gesicht.«
Papa fummelte nervös an einigen Schaltern des Armaturenbretts herum. Die Sache war ihm peinlich.
»Das Pferd heißt Cherry Flip«, fuhr Mama fort.
»Cherry Flip? Cherry Flip und Whiskey Sour!« rief Papa aus und schüttelte den Kopf. »Deine Tante muß Alkoholikerin gewesen sein.«
Mama wies diese Vermutung zurück. Papa ärgerte sich noch ein bißchen, und dann, nach Sekunden geheimnisvollen Schweigens, geruhte Mama endlich, zum Kern der Sache vorzustoßen.

»Und – es gibt da ein Haus«, sagte sie.
Wir schwiegen. Sie schwieg ebenfalls. Schließlich räusperte sie sich und fuhr fort: »Es ist ein Haus auf dem Land, ein ziemlich großes Haus, und wir – wir haben es geerbt . . .«
Sie hob die Hand, als Papa und ich in lauten Jubel ausbrechen wollten, und fuhr in nüchternem Tonfall fort: »Wir haben es geerbt – gemeinsam mit Tante Patricia.«

Ein Abschied . . .

Papa brauchte eine ganze Weile, bis er diese Nachricht verdaut hatte. Bei mir blieb es bei einer Schrecksekunde – schließlich entsetzte mich der Gedanke an Mamas Verwandtschaft weit weniger als ihn.
»Habt ihr euch geeinigt?« fragte ich gespannt.
»Nein«, antwortete Mama. »Dazu war keine Zeit.«
Papa, der sich bereits als erfolgreichen Krimiautor sah und keine Lust hatte, all seine schönen Pläne wieder über Bord zu werfen, setzte eine kriegerische Miene auf. Offenbar hatte er einen Entschluß gefaßt.
»Du wirst Patricia auszahlen, und wir übernehmen das Haus allein«, beschloß er.
»Was heißt, ich werde sie auszahlen?«
»Nun ja, wir werden sie auszahlen. Ich habe mich falsch ausgedrückt.« Papa ärgerte sich. Wenn er sich ärgerte, wurde er laut. »Jetzt siehst du, wie gut es war, zu sparen und Geld zurückzulegen.«
»Patricia läßt sich nicht auszahlen«, behauptete Mama nun.
»Sie will das Haus ebenso wie ich.«
»Also habt ihr doch darüber gesprochen.«

»Nur kurz. Wir stellten fest, daß keine von uns bereit ist nachzugeben.«
Papa überlegte. Seine Finger trommelten nervös auf das Lenkrad. Ich konnte seine unzufriedene Miene im Rückspiegel sehen.
Dann fing Carina an zu fiepen und hektisch zu schlucken, und wir mußten wieder anhalten und aussteigen, damit sie frische Luft bekam.
Auch Papa tat die Luft gut. Sein Gesicht nahm wieder eine normale Färbung an.
Nachdem er ein paarmal tief durchgeatmet hatte, machte er uns ein Zeichen. »Verfrachtet den Hund ins Auto. Wir reden zu Hause weiter.«
Jedoch Carina hatte wieder einmal andere Ideen. Sie stemmte sich gegen Mamas sanften Zug am Halsband, bekam dadurch kaum noch Luft und begann, laut zu hecheln und zu würgen. Als ich Mama zu Hilfe eilen und Carina von hinten anschieben wollte, gelang es ihr, sich loszureißen. Sie drehte sich um und galoppierte mit langen Sprüngen am Straßenrand entlang. An ihr vorüber brauste der hektische Verkehr.
»Es ist doch nicht zu fassen!« Papa griff sich an den Kopf. »Von mir aus soll sie nach Hause laufen.«
Allerdings war er der erste, der Carina nachjagte. Mit wehendem Schlips und fliegenden Haaren versuchte er sie einzuholen. Mama und ich rannten hinterher, Mama in hochhackigen Pumps und engem Rock.
Aus den vorbeibrausenden Autos sahen uns neugierige und schadenfrohe Gesichter zu. Wir beachteten sie kaum, denn wir hatten Angst um Carina, die ja leicht von einem Wagen überfahren werden konnte.
Mama gab die wilde Jagd als erste auf. Keuchend und humpelnd ging sie ins Schrittempo über. Papa hielt ein wenig länger durch, obwohl er bereits ganz rot im Gesicht war und Schweißperlen auf der Stirn hatte.

Endlich verlangsamte Carina ihre Schrittart und ließ sich von mir beim Halsband packen. Gemeinsam zogen wir zum Auto zurück, sammelten unterwegs einen verärgerten Papa und eine erschöpfte Mama ein und wünschten uns nach Hause.
Als Carina das Auto erblickte, wurde sie schon wieder störrisch. Papa packte sie auf bewährte Weise bei Halsband und Hinterteil und schob sie auf den Rücksitz.
In diesem Augenblick fiel ein wütender Italiener über ihn her, der unseren seltsamen Rückmarsch wohl beobachtet hatte und bei Carinas hartnäckiger Weigerung mißtrauisch geworden war. Er schüttelte drohend die Faust und packte Papa beim Kragen.
Obwohl wir in den vergangenen zwei Jahren viel Italienisch gelernt hatten, war es fast unmöglich, den aufgebrachten Herrn zu verstehen. Er sprach sehr schnell und in ausgeprägtem süditalienischem Dialekt.
Aus seinem Auto heraus schimpfte seine Frau, und einige Kinder schrien durcheinander.
»Accalappiacani!« hörten wir sie rufen. Hundefänger!
»Wir sind keine Hundefänger!« brüllte Papa und versuchte, den wütenden Mann abzuschütteln. »Das ist unser Hund!«
»Ihr Hund, eh?« ereiferte sich der Fremde. »Und warum hat er Angst vor Ihnen und Angst vor dem Auto?«
»Carina hat immer Angst vor dem Autofahren«, mischte ich mich ein.
»Carina? Carina!« rief der Mann, und als Carina ihn ansah, beruhigte er sich.
»Sehen Sie, es ist unser Hund. Woher sollten wir sonst wissen, daß er Carina heißt?«
Carina, der die ganze Aufregung zuviel wurde, leckte hysterisch meine Hand.
Als der fremde Tierfreund das sah, hellte sich seine Miene auf. Seine Augen strahlten, er schlug Papa freundschaftlich auf die Schulter, versuchte, Mama die Hand zu küssen,

patschte Carinas Kopf und tätschelte meine Wange. »Eine schöne Tochter«, lobte er, »eine charmante Frau und ein reizender Hund.«
Er klopfte Papa noch einmal auf die Schulter, entschuldigte sich wortreich und marschierte zurück zu seinem Wagen. Seine Frau gestikulierte, er schrie zurück, und wir verstanden, daß er uns als anständige Leute bezeichnete. Er winkte uns abschließend zu, stieg in sein Auto und brauste davon.
Papa lockerte erschöpft seinen Kragen. »Laßt uns fahren«, bat er matt. Carina lag wie erschossen auf dem Rücksitz, die Augen geschlossen. »Nie mehr nehmen wir den Hund mit«, schwor Papa. »Nie mehr!«
»Bald haben wir zwei Hunde«, erinnerte ich ihn.
Das gab ihm den Rest. Während der restlichen Heimfahrt sprach er kein Wort mehr.
Zu Hause jedoch mußte das Thema »geerbtes Haus« weiter diskutiert werden. Da Mama uns deutlich klargemacht hatte, daß Tante Patricia keinesfalls bereit sei, sich auszahlen zu lassen, mußten wir eine andere Lösung finden.
»Wir könnten genausogut unsere Hälfte des Hauses verkaufen und uns etwas Eigenes suchen«, fand Papa. »Es ist doch gleichgültig, ob wir in einem geerbten oder in einem gekauften Haus wohnen.«
»Wir können durchaus auch weiterhin in Rom bleiben«, meinte Mama trocken.
Diese Vorstellung gefiel Papa gar nicht. Er wollte endlich seine Krimis schreiben. »Die Firma muß ohne mich auskommen«, erklärte er kategorisch.
In Mama und mir keimte der dunkle Verdacht, daß er im Vertrauen auf die Erbschaft bereits gekündigt hatte.
Als wir eine solche Andeutung machten, wies Papa unsere Vermutung entrüstet zurück. Vielleicht zu entrüstet. Und er beeilte sich sehr, an unsere kleine Bar zu gelangen, um sich umständlich einen Drink zu mixen.

»Es geht nicht«, sagte Mama plötzlich.
»Was geht nicht?« Papa hörte auf, in der goldbraunen Flüssigkeit in seinem Glas herumzurühren.
»Es ist ein großes Haus in wunderschöner Lage, und sein Wert ist relativ hoch angesetzt«, verkündete Mama in nettem Plauderton.
»Ja und?« Papa verstand nicht.
»Patricia kann uns gar nicht auszahlen, weil sie längst nicht soviel Geld hat.«
»Und ihr Mann?« kam es schneidend von Papa. »Hat der denn kein Geld?«
»Offenbar nicht genug«, erwiderte Mama heiter.
Papa erstarrte zur Salzsäule.
Dann reckte er sich und sah mit triumphierendem Gesichtsausdruck an die Decke. »Ha!« entfuhr es ihm. »Das hätte ich mir denken können! Natürlich wird Rüdiger nie in seinem Leben auf einen grünen Zweig kommen. Geht er immer noch von Haus zu Haus?«
»Was meinst du denn damit?« Mama war geradezu entsetzt. Auch ich fand Papas Äußerungen reichlich überzogen.
»Wahrscheinlich ist er pleite. Er war immer ein ganz kleines Würstchen.« Papa lief nun mit dem Glas in der Hand im Zimmer auf und ab.
Mama bemühte sich, ihrer Stimme einen milden Klang zu verleihen, als sie sagte: »Als Versicherungsvertreter erwirbt man nun mal keine Reichtümer.«
»Das ist ja auch kein solider Beruf«, ereiferte sich Papa.
»Findest du es solider, sich im stillen Kämmerlein Giftmorde aus den Fingern zu saugen?« fragte Mama kühl.
Papa blieb abrupt stehen. »Wer tut denn das?«
»Du. Du hast es jedenfalls vor.«
»Du hast meine Entwürfe gelesen.« Papa flüsterte beinahe, aber es klang eher drohend als fassungslos.
»Nein. Du sprichst im Schlaf«, entgegnete Mama verärgert.

Papa ließ sich aufs Sofa plumpsen. Dabei setzte er sich auf Carinas Schwanz, die erst knurrend hochfuhr und dann mit beleidigtem Winseln den Ort wechselte. Mit lautem Stöhnen ließ sie sich neben Mama nieder.
»Was machen wir nun?« fragte Papa, nachdem er die Fassung wiedergewonnen hatte. Er blickte in die Runde.
»Ich weiß es nicht.« Mama kraulte gedankenverloren Carinas schwarzgepunktetes Fell. Die Hündin seufzte genüßlich und zuckte mit den Ohren. »Du willst doch immer das Familienoberhaupt sein.«
»Warum fragt mich eigentlich keiner?« mischte ich mich ein. Meine Eltern sahen mich an, Mama gespannt, Papa überrascht. »Es wäre fair, mich auch zu fragen«, ereiferte ich mich. »Wir sind doch eine Familie.«
Da meine Eltern noch immer schwiegen, versuchte ich, meine Gedanken zu ordnen und meinen widerstrebenden Gefühlen Ausdruck zu verleihen. »Immerhin läßt es sich in Deutschland gut leben. Ich bin gern in Rom. Aber in Deutschland fühle ich mich mehr zu Hause. Der Abschied wird bestimmt nicht leicht. Aber dort haben wir schließlich ein halbes Haus und einen Hund.«
Papa starrte in sein Glas und murmelte: »Whiskey Sour.«
»Und ein Pferd gibt's auch.«
Letzteres klang begierig. Ein Pferd! Sicher, es gehörte Kristina. Aber vielleicht war sie nett und würde mich ab und zu reiten lassen.
Außerdem – wo ein Pferd war, gab es meistens noch weitere, vielleicht auch eine Reitschule.
»Ich möchte dorthin ziehen«, erklärte ich mit Nachdruck.
»Wohin denn? In unser halbes Haus?«
»Ja. Wenn es groß ist, reicht doch ein halbes.«
Es dauerte eine Weile, bis meine Eltern begriffen hatten, was hinter diesen harmlosen Worten steckte.
Ein Haus, zwei Familien . . .

»Niemals!« trompetete Papa und setzte mit Schwung sein Glas ab. »Niemals!«
»Also, liebe Julia, ich weiß nicht, ob du dir darüber im klaren bist . . .« Mama zögerte.
»Ja, wieso denn?« protestierte ich. »Wenn es möglich ist – von der Größe her gesehen –, was ist denn schon dabei?«
»Niemals!« rief Papa erneut. »Nicht mit Rüdiger! Mit ihm unter einem Dach leben – denk doch an die Gefühle deiner Mutter.« Dieser Hinweis sollte wohl den wahren Grund seiner Ablehnung verschleiern.
»Oh, Rüdiger schreckt mich nicht«, sagte Mama da zu seiner Enttäuschung. »Aber Patricia! Sie wirkt immer so überlegen. Das macht mich fertig.«
Papa schnaufte abfällig.
Mama sah ihn an. »Du kennst sie nicht, wie ich sie kenne«, klagte sie.
Papa überlegte, dann huschte ein Lächeln über sein Gesicht. Er stand auf und legte Mama mit väterlicher Gebärde einen Arm um die Schultern.
»Ich weiß schon, was du denkst«, sagte er beschwichtigend und scheinbar verständnisvoll.
»Was?« fragte Mama überrascht.
»Keine Sorge, Patricia interessiert mich nicht«, versicherte er, reckte sich und schaute Mama von oben herab treuherzig in die Augen.
Mama verstand nicht gleich, was er meinte. Als sie aber verstanden hatte, wurstelte sie sich aus Papas Umarmung, atmete heftig durch und starrte ihn an, unfähig, die richtigen Worte zu finden.
Also ergriff ich das Wort. »Ach Papa, du verstehst aber auch gar nichts.«
»Wieso? Ich verstehe sehr gut.« Papa sah uns beleidigt an.
»Vergiß es«, sagte ich, während Mama noch immer nach Atem rang. Die Diskussion wurde wieder einmal vertagt.

Es folgten endlose Telefongespräche und lange Briefwechsel. Tante Patricias Familie war keinesfalls bereit, uns auszuzahlen, was Papa kolossal ärgerte.
Jedesmal, wenn sein Ärger den Höhepunkt erreichte, bezeichnete er Ernst-Rüdiger als Hungerleider. Dann wurde Mama böse und Papa eifersüchtig.
Die nächsten beiden Wochen verliefen alles andere als harmonisch. Es kam zu keiner Einigung. Papa, der zunächst nachgeben und auf das Haus verzichten wollte, schaltete plötzlich auf stur.
»Deine Verwandten hätten ja einen Kredit aufnehmen können«, sagte er. »Aber jetzt will ich nicht mehr. Sollen sie ihr albernes Haus doch haben.«
»Es ist ebenso mein Haus«, erinnerte Mama.
»Nicht mehr lange. Wir suchen uns etwas anderes.«
Doch Mama war damit nicht einverstanden. Sie glaubte, daß Tante Kristina mit ihrem Testament einen bestimmten Plan verbunden hatte.
»Sie wollte uns wieder zusammenbringen«, behauptete Mama. »Sie wollte die Familie vereinen.«
»So ein Blödsinn!« knurrte Papa.
Doch Mama war ganz sicher.
»Die gute Tante Kristina!« Sie zerdrückte einige Tränen im Gedenken an die gute Tante. »Wir müssen tun, was sie so sehr wünschte.«
»Niemals!« rief Papa wieder einmal. »Das kommt überhaupt nicht in Frage!«
»Und der Hund?« schob ich ein. »Ihr müßt euch endlich mal entscheiden. Diese Haushälterin wird unseren Hund nicht ewig hüten.«
»Sie war die Hausdame.«
»Und wenn schon! Ist das ein Unterschied?«
Papa, der vor Aufregung fast sein ganzes Frühstück an Carina verfüttert hatte, stand nun auf.

Er stellte sich mit Nachdruck kerzengerade hin und richtete die Augen kühn auf den Feind, sprich Mama. »Ich bin der Herr im Haus«, verkündete er kategorisch und schritt, Serviettenschnipsel, Zeitungsblätter und Brotkrümel hinterlassend, zur Tür.

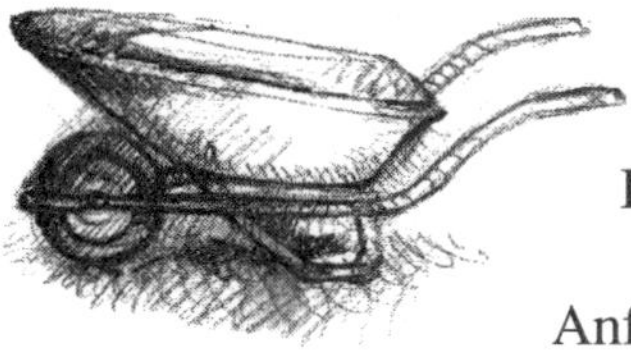

Anfang des darauffolgenden Monats war alles zum Umzug bereit. Ich fragte mich, ob es bei Tante Patricia ähnliche Debatten gegeben hatte wie bei uns. Aber die Entscheidung war gefallen: Da keiner nachgeben wollte, mußte man das Haus eben gemeinsam bewohnen.
Tante Patricia war schon vor einigen Tagen eingezogen, mit Mann und Kindern und – wie sich später herausstellte – einem halben Zoo. Sie hatte sich das Erdgeschoß mit der Veranda gesichert, was bei Papa wieder einen kleinen Wutanfall hervorrief.
»Wieso müssen wir die Treppen steigen?« empörte er sich. »Wieso mutet sie das dir zu, die du zwei Jahre älter bist!«
»Du bist noch ein paar Jahre älter«, erinnerte Mama mit sanftem Spott. »Außerdem haben sie drei Kinder und brauchen mehr Platz.«
»Was gehen mich ihre Kinder an!« meckerte Papa. »Überhaupt, sollen die etwa auf der Veranda schlafen?«
»Wir haben einen Balkon«, versuchte Mama den ersten Stock anzupreisen.
»Und wahrscheinlich weder Küche noch Bad. Ha!« Papa stolperte aufgebracht zwischen den Möbelkisten herum.
»Doch. Es sind zwei komplette Wohnungen. Unsere hat bisher die Hausdame bewohnt.«
Papa blieb abrupt stehen. »Die haben wir wohl auch mitgeerbt? Die bleibt uns wohl erhalten, sozusagen als freundliches Hausgespenst?«
»Sozusagen. Sie hat das Wohnrecht behalten.«

»Ich verstehe, dann muß ich wohl auf den Balkon!« rief Papa unbeherrscht. Er raufte sich die Haare. »Das wird ja immer schöner!«

»Aber nein, beruhige dich doch.« Mama, die gerade dabei war, die letzten Utensilien zu verpacken, unterbrach ihre Tätigkeit, um Papa zu besänftigen. »Sie wird die beiden großen ausgebauten Dachzimmer bewohnen. Eine Dusche ist installiert worden, und was die Küche anbelangt . . .«

»Ich wußte ja, es ist ein Haken dabei«, triumphierte Papa. »Diese Frau wird unsere Küche besetzen.«

»Sie darf abwechselnd bei uns und bei Patricia kochen«, mußte Mama zugeben.

»Ja! Haha, ja!« rief Papa aus.

Mama schwieg. Carina, die sich in der ungemütlichen Wohnung gar nicht wohl fühlte, schlich mit eingekniffenem Schwanz von einem Zimmer ins nächste. Und ich beeilte mich, meine Schuhe anzuziehen, um dem häuslichen Unfrieden zu entgehen.

»Wo willst du hin?« wollte Papa wissen. »Hast du schon alles verpackt?«

»Ja, habe ich.«

»Laß sie doch, sie will Abschied nehmen«, sagte Mama verständnisvoll.

»Von wem? Von dem Apothekersohn?« kombinierte Papa.

»Ach was, du verwechselst alles.« Ich seufzte. »Nein, ich treffe mich noch einmal mit Maria und Bice. Wir wollen zu Giolitti und dort soviel Eis essen, wie wir können.«

Eine halbe Stunde später saßen wir zu dritt an einem der kleinen Tische bei Giolitti und warteten auf unser Eis. Um uns herum wimmelte es von Touristen, es war laut und hektisch und alles andere als gemütlich. Aber das Eis hier war einfach unübertrefflich. Gerade wurden unsere Eisbecher gebracht – turmhohe, komplizierte Kreationen.

Mir lief das Wasser im Mund zusammen. Mein Abschiedsschmerz war zunächst einmal vergessen.
Während wir löffelten, sprachen wir kaum. Maria und Bice machten betretene Gesichter. Wir waren Freundinnen geworden in den zwei Jahren.
»Du mußt uns schreiben, Giulia«, bat Maria. »Wir schreiben dir auch.« Ich versprach es.
Draußen in der Abendsonne spazierten die Touristen. Sie kamen vom Pantheon oder wollten zur Piazza Navona. Einige hielten Eistüten in der Hand. Manchmal huschte ein Römer mit einer Zeitung unter dem Arm vorbei, oder ein paar junge Männer pfiffen einem Mädchen nach.
»Ich muß gehen«, stellte ich fest, nachdem das Eis gegessen war. »Wir müssen morgen früh los.«
»Komm noch einmal zur Fontana di Trevi«, schlug Bice vor und lachte. »Ich gebe dir eine Münze, dann kommst du bestimmt zurück.«
Durch den Abend schlenderten wir auf vertrauten Straßen zum Trevi-Brunnen. Die barocken Figuren des großen Brunnens waren wieder einmal halb von Baugerüsten verdeckt. Ständig mußte hier restauriert und erneuert werden. Der starke Autoverkehr mit den vielen Abgasen nahm keine Rücksicht auf jahrhundertealte Kunstwerke.
Auch an dem Brunnen herrschte reger Touristenandrang. Hunderte umstanden die Fontana und drängten sich auf der kleine Piazza und in den Gäßchen der Umgebung. Menschentrauben standen vor Andenkenständen und kleinen Eiswagen. Wir kämpften uns durch das Gewühl, und Bice reichte mir lachend eine Münze.
Sekundenlang starrte ich in das Wasser. Auf dem Boden des Brunnens glänzten viele hundert Münzen. Würden die Kinder von Rom sie nicht nachts immer wieder herausfischen, wäre der ganze Brunnen längst randvoll. Ich drehte mich um und warf in hohem Bogen meine Münze über die Schulter.

»Puh, wie eine Touristin!« meinte Maria lachend.
»Wenn ich wiederkomme, werde ich eine sein«, entgegnete ich mit einem Anflug von Traurigkeit.
An der nächsten Haltestelle in der Via del Tritone verabschiedete ich mich von Maria.
»Arrivederci, Giulia!« Maria reichte mir die Hand. »Non dimenticare di ritornarci qualche giorno!« – Vergiß nicht, eines Tages wiederzukommen.
»Ich komme bestimmt«, versprach ich. Bice fuhr noch ein Stück mit mir. Wenig später sagte ich auch ihr adieu.
»Ciao, Giulia!« Sie küßte mich auf beide Wangen – ein Brauch, an den ich mich in der Anfangszeit hier schwer gewöhnen konnte, den ich von nun an aber regelrecht vermißte. »Non ti scordare di noi!« – Vergiß uns nicht!

Ich winkte ihr nach. Jetzt war meine Kehle ganz trocken, und meine Augen waren feucht. In Deutschland warteten ein Haus, ein Hund und Reitstunden auf mich. Die hatte ich Papa gleich abgebettelt. Er hatte ein Mordstheater veranstaltet und bezeichnete sich als arbeitslosen Ingenieur, der seine Familie von den Ersparnissen der letzten, fetten Tage ernähren müsse. Auch durch meinen Einwurf, er habe ja freiwillig gekündigt, statt brav bis zur Rente weiterzuarbeiten, ließ er sich nicht beirren.
»Hoffentlich wirst du ein erfolgreicher Autor«, bemerkte Mama. »Ich möchte nicht auf meine alten Tage den Gürtel enger schnallen müssen. Wahrscheinlich haben wir sogar weniger zum Leben als Rüdigers Familie.« Diese Worte hatten Papa schwer getroffen.
»Kristina hat sogar ein Pferd«, stichelte ich. »Da werde ich doch wenigstens Reitstunden nehmen können.«

In seiner Ehre tief verletzt, willigte Papa ein. Sich irgend etwas nicht leisten zu können, das sogar Rüdigers Familie sich leisten konnte, das war für ihn der Gipfel der Schmach.
Mama und ich sollten mit dem Flugzeug nach Deutschland reisen. Papa würde den anstrengenden Weg mit dem Auto zurücklegen.
Und dann war da noch Carina.
Die Fluggesellschaft erlaubte nicht, daß Tiere ihrer Größe und ihres Gewichts in der Passagierkabine befördert wurden. Carina würde im Frachtraum, in einem speziellen kleinen Käfig fliegen müssen.
Papa bekam beinahe einen Herzanfall, als er davon hörte. Wieder einmal ertönte sein entschlossenes »Niemals«. Seine Carina in einem Käfig – in einem kalten, dunklen, unheimlichen Frachtraum – nein! Er beschloß, den Hund im Wagen mitzunehmen.
»Aber ihr wird wieder schlecht werden, und du mußt dauernd anhalten, und wenn sie wieder wegläuft . . .«
Mama hatte tausend Einwände. Doch Papa ließ sich nicht beirren. Ob er wirklich wußte, worauf er sich einließ? Jedenfalls war er nicht umzustimmen. Er brachte Mama und mich zum Flughafen, überwachte anschließend das Verladen der Möbel und machte sich endlich selbst auf den langen, beschwerlichen Weg.

. . . und ein neuer Anfang

In Frankfurt mußten Mama und ich umsteigen, um nach Hannover weiterzufliegen. Wir hätten auch mit der Bahn fahren können, aber fliegen fanden wir

spannender. Das letzte Stück mußten wir doch noch mit dem Zug zurücklegen, und schließlich standen wir etwas ratlos an unserem Zielbahnhof.
»Was jetzt?« fragte ich Mama gespannt.
Die Julisonne blinzelte müde auf uns herab. Der Sommer in Rom war schöner gewesen, heißer, strahlender. Plötzlich fühlten wir uns fremd, einsam und sehr müde.
»Das Haus liegt ein wenig außerhalb«, verkündete Mama. »Es gibt keinen eigentlichen Straßennamen. Es gehört zu einer kleinen Ansammlung von Häusern ganz am Rande einer Ortschaft. Soviel ich weiß, gehörte das Gelände, auf dem jetzt die Häuser stehen, früher zu einem Gut. Dann wurde Bauland daraus, und der Besitzer verkaufte ein großes Stück seines Grund und Bodens.«
»Dort baute unter anderen Tante Kristina.«
»Richtig, auch Tante Kristina.«
»Und wie heißt dieser Häuserhaufen?«
»Nach dem Gut – Drachenhof. Wir sind Drachenhof Nummer vier.«
Drachenhof! Das klang ja richtig spannend. »Wieso heißt es Drachenhof?«
»Ich habe keine Ahnung. Vielleicht, weil dort ein herrischer Drachen das Zepter schwingt.«
»Hoffentlich ist dieser Drachen nicht unsere Hausdame.«
»Sie war Tante Kristinas Hausdame, nicht unsere.«
»Aber wir haben sie geerbt.« Meine Füße taten weh, mein Hals war trocken, und der kleine Bahnhof wirkte langweilig und trostlos. Ich wollte nach Hause. Egal, ob dieses »Zuhause« nun in Rom oder irgendwo in Deutschland lag, nur ein Zuhause sollte es sein.
»Wollen wir kein Taxi nehmen?« schlug ich vor. Dabei versuchte ich, nicht daran zu denken, wie leer und abweisend unsere Wohnung noch aussehen mußte und wie lange wir uns in den kahlen Räumen würden bewegen müssen, bis die Mö-

bel endlich kamen. Daß Tante Patricia uns freundlich empfangen würde, war zu bezweifeln.
Auch Mama schien an Tante Patricia zu denken. Sie stellte fest, daß ihre Cousine uns ruhig hätte abholen können.
»Wußte sie denn, wann wir ankommen?«
»Nein. Und ich möchte sie um keinen Gefallen bitten.«
Ja dann – schließlich konnte man von der Tante keine hellseherischen Fähigkeiten erwarten.
Wir nahmen schließlich ein Taxi und ließen uns durch mehrere verschlafene kleine Orte chauffieren. Schon stand für Mama fest, daß es uns aus der turbulenten Weltstadt Rom in die verlassenste Einöde verschlagen hatte, die man sich vorstellen kann.
»Einsam ist es dort wirklich«, bestätigte der Taxifahrer, »aber sehr schön. Es wird Ihnen gefallen.«
»Hauptsache, Papa findet Ruhe, um seine Bücher zu schreiben«, meinte Mama heldenhaft.
»Ruhe? Na ja.« Der Taxifahrer grinste zweideutig.
Mama wurde sofort mißtrauisch und verlangte, mehr von ihm zu erfahren.
»Sie werden schon sehen«, sagte der Mann, noch immer grinsend. »Dafür, daß dort nur wenige Familien leben, gibt's eine Menge Trubel.«
»Oje!« Mama seufzte. »Woher wissen Sie so gut Bescheid?«
»Ein Kegelbruder von mir wohnt auch dort«, erklärte der Taxifahrer. »Er hat das Glück gehabt, vor einigen Jahren im Lotto zu gewinnen, sonst hätte er sich das Häuschen nicht leisten können – bei der Familie.«
Mama wurde zusehends nervöser. »Familie?«
»Ja. Bleibtreu heißt er, Friedhelm Bleibtreu. Er wohnt in Nummer sechs.«
»Was ist mit der Familie?« fragte Mama erneut.
Gerade wurde hinter einer Kurve der Blick auf eine Ansammlung von Häusern frei, die weiß und strahlend gelb, mit

roten Dächern gekrönt, in der Sonne leuchteten. Fünf Häuser waren es. Etwas abseits stand ein großes Gebäude, das einem alten Herrenhaus glich und von mehreren Nebengebäuden umgeben war.
Stallungen! schoß es mir durch den Kopf. Mein Herz schlug einen Purzelbaum. Die Vermutung schien sich zu bestätigen, als ich einige Pferde erblickte, die auf einer großen Weide friedlich Gras rupften. Ich vergaß Mamas Sorgen über die Familie Bleibtreu und mußte mich beherrschen, den Taxifahrer nicht am Ärmel zu zupfen.
»Was sind das für Pferde?« rief ich aufgeregt.
»Die Pferde gehören zur Reitschule«, antwortete der Taxifahrer. »Herr Reinhold ist der Besitzer. Seiner Familie hat früher mal das ganze Gelände gehört.«
Ich sank wieder in meinen Sitz zurück. Wahrscheinlich strahlte ich wie ein Weihnachtsengel.
Der Fahrer hielt nun vor einem recht imposanten, zweistöckigen Haus, dessen sonnengelbe Fassade uns entgegenleuchtete.
Auf der Südseite waren eine große Veranda und ein darüberliegender mächtiger Balkon zu entdecken. Im Dachgeschoß bewegte sich ein Vorhang, urplötzlich öffnete sich die Verandatür, und zwei Jungen in wilder Kriegsbemalung tobten über den Rasen auf uns zu.
Mama stieg langsam aus, lächelte schüchtern und fragte den Fahrer im Flüsterton: »Ist es das hier?«
»Nummer vier«, bestätigte er.
»Dann müssen das Patricias Jungen sein«, vermutete Mama. Noch immer lächelnd wandte sie sich den beiden zu und erwartete wohl, daß diese ihr artig die Hand reichten. Gleich darauf erstarrte sie vor Schreck, denn die Jungen packten sie statt dessen und versuchten sie, unter lautem Indianergeheul, über den Rasen zu schleifen. »Du kommst jetzt an den Marterpfahl!« schrie der eine. Der andere schwenkte seinen To-

mahawk und brüllte: »Du bist ein Eindringling, du mußt deine gerechte Strafe erhalten!« Mama verschwand in einem Wigwam, der zum Teil von einem großen Kirschbaum verdeckt war. Halb erschrocken, halb belustigt folgte ich ihr.
Doch nun erschien auf der Veranda eine große, schlanke, blonde Frau, in der ich unschwer Tante Patricia erkannte. Sie sah älter aus als auf den Fotos, die ich kannte. Ihre Haare waren auch etwas dunkler, was darauf hindeutete, daß sie das Färben aufgegeben hatte.
Tante Patricia sah zuerst mich an, dann den Taxifahrer und beschloß daraufhin, zuerst einmal Mama aus den Klauen ihrer Söhne zu befreien, damit sie den Fahrer bezahlen konnte.
Als Mama wieder auftauchte, sah sie aus wie ein gerupftes Huhn. Ihre Frisur war vollkommen aufgelöst, von einem Schuh war ein Absatz abgebrochen, und das neue Sommerkleid hatte einige Flecken abbekommen.
»Entschuldige, die Jungen sind so temperamentvoll«, hörte ich Tante Patricia sagen. Sie war offenbar stolz auf das Temperament ihrer Sprößlinge.
Mama lächelte schief. Ich sah ihr an, was sie mit den beiden Übeltätern am liebsten angestellt hätte. Doch sie beherrschte sich, humpelte auf den Taxifahrer zu, bezahlte ihm die Fahrt und wandte sich dann wieder an Patricia.
»Gut siehst du aus«, behauptete sie.
»Danke, Liebste.« Sie schlossen einander in die Arme.
Dann war ich an der Reihe.
»Das ist also Julia! Ein bißchen kleiner als Kristina, aber sie ist ja auch ein Jahr jünger. Kristina ist ganz blond, ich hätte nicht gedacht, daß Julia dunkle Haare hat, die liegen doch gar nicht in unserer Familie.«
»Mein Mann war dunkel.«
»Er war?« Tante Patricia hob die Augenbrauen.
»Jetzt ist er eher grau«, ergänzte Mama.
»Richtig, er ist ja einige Jahre älter als du.«

Tante Patricia lächelte nachsichtig, dann schob sie ihre Jungs nach vorn. »Und jetzt sagt schön guten Tag zu Tante Doris und eurer Cousine Julia.«
Die Kleinen weigerten sich und starrten uns aufsässig an. Sie glichen einander wie ein Ei dem anderen, hatten zerzauste Haare und mit Erde und Farbe beschmierte Gesichter. Allerdings zierte die Stirn des einen eine große Beule.
»Das sind Max und Moritz«, stellte Tante Patricia vor.
»Wie originell«, lobte Mama.
»Los, sagt endlich guten Tag!« Tante Patricia schubste die kleinen Indianer sanft nach vorn.
»Tag«, brachten sie mürrisch hervor.
Ihre Mutter zauste ihnen das verwuschelte Haar und lachte. »Ach, die Jungen sind so wild! Sie sind erst neun, da kann man noch keine guten Manieren erwarten.«
Ich ahnte, daß meine Eltern entschieden anderer Ansicht waren, und fragte mich, wie Papa wohl über Max und Moritz denken würde.
»Ich möchte euch gern zum Mittagessen einladen«, erklärte Tante Patricia jetzt. »Habt ihr Lust?«
Das war eine gute Idee und ein netter Vorschlag. Wir nahmen dankend an. Tante Patricia ging uns voran ins Haus.
»Übrigens«, sagte sie und blieb stehen, »ich glaube, ihr müßt euch wegen des Hundes etwas einfallen lassen.«
»Wie meinst du das? Von welchem Hund sprichst du?« Mama war sofort auf der Hut.
»Von dem Hund von Tante Kristina. Frau Schratt kümmert sich momentan um ihn. Odile Schratt war Tante Kristinas Hausdame. Sie ist ganz reizend.
Der Hund allerdings ...«
»Was stimmt denn nicht mit ihm?« fragte Mama.
Tante Patricia hatte uns mittlerweile ins Wohn-

zimmer geführt. Sie setzte sich, schlug die langen, schlanken Beine übereinander und zündete sich eine Zigarette an.
»Eigentlich ist er in Ordnung.« Tante Patricia sah Mama treuherzig an. »Es ist nur so, daß unsere Katzen ihn nicht leiden können. Besonders Caracalla nicht. Er hatte einmal ein schreckliches Erlebnis.«
»Was denn für eins?« fragte ich neugierig.
»Ein anderesmal, Liebes.« Die Tante lächelte zerstreut. »Wir haben drei Katzen. Eigentlich zwei Katzen und einen Kater, Caracalla. Er ist ein Siamkater. Die anderen, Minka und Blinka, sind gewöhnliche Hauskatzen, aber reizend.« Tante Patricia schien ein ausgesprochener Katzenfan zu sein.
Mama versicherte ihr, davon überzeugt zu sein, daß es sich um reizende Katzen handele. Leider aber verstehe sie das Problem nicht.
»Du verstehst nicht? Es ist doch ganz einfach. Unsere Katzen mögen keine Hunde. Der Hund muß weg. Leider.«
Mir blieb der Mund offenstehen. Am liebsten wäre ich aufgestanden und gegangen, allerdings nicht, ohne Tante Patricia zu sagen, was ich von ihrer Unverfrorenheit und ihrem Egoismus hielt. Doch da Mama sitzen blieb, tat ich es auch. Ich bewunderte ihre Ruhe und Überlegenheit. »Weg?« fragte sie nur. »Wohl kaum. Im Gegenteil. Wir bringen sogar noch einen Hund mit.«
»Was, noch einen Hund?« Tante Patricia riß die Augen auf. Ich konnte mich gar nicht satt sehen an ihrer überraschten und beinahe entsetzten Miene. »Aber Liebste, das ist ganz und gar unmöglich!«
»Das ist sehr wohl möglich«, erwiderte Mama kühl. »Du scheinst zu vergessen, daß uns dieses Haus ebenso gehört wie dir. Und was Tante Kristinas Hund betrifft – der hat hier ältere Rechte als wir alle zusammen.«
Prima! dachte ich und freute mich diebisch. Das hast du prima gemacht, Mama.

Tante Patricia bekam einen versteinerten Gesichtsausdruck. Dann räusperte sie sich und verzog den Mund zu einem leicht säuerlichen Lächeln. »Nun, da werden wir uns wohl arrangieren müssen.«
»Das müssen wir«, sagte Mama unerbittlich.
»Ich hoffe nur, euer Hund benimmt sich anständig. Wir haben noch andere Tiere. Wenn er etwa die Kaninchen jagen oder den weißen Mäusen nachstellen sollte . . .«
»Laufen die frei herum?« unterbrach Mama.
»Nein, selbstverständlich nicht.« Tante Patricia gewann allmählich ihre Fassung wieder zurück. »Die Kaninchen haben ihren Stall, und die Mäuse haben einen Käfig. Aber – da ist noch Herkules.«
»Wer?« fragte ich gespannt.
»Herkules, unser Papagei. Er ist sehr sensibel.« Der sensible Herkules sah just in diesem Augenblick die Zeit gekommen, sich selbst vorzustellen. Aus der angrenzenden Küche heraus ertönte ein ohrenbetäubender Pfiff, schrill und anhaltend wie das Pfeifen einer Lokomotive.
Mama zuckte zusammen und preßte die Hände auf die Ohren. Auch ich erschrak.
»War er das?« fragte ich überflüssigerweise.
»O ja, das war Herkules. Er möchte jetzt nach draußen. Er sitzt so gern im Kirschbaum.«
»Fliegt er nicht weg?«
Mama quälten andere Gedanken. »Schreit er öfter so?«
»Nur manchmal«, behauptete die Tante. »Er spricht wenig, aber er kann die verrücktesten Geräusche nachmachen. Am liebsten imitiert er Lokomotiven, Feuerwehrsirenen und Pistolenschüsse.«
»Klingt ja liebenswert«, murmelte Mama matt. »Wo hat er das nur her?«
»Er sieht furchtbar gern fern«, erzählte Tante Patricia. »Dabei schnappt er allerlei auf.«

Wir unterhielten uns noch eine Weile. Schließlich schlug Tante Patricia vor, daß wir unsere neue Wohnung ansehen und uns frischmachen sollten, während sie sich um das Mittagessen kümmerte. Sie war sogar so großzügig, uns zwei Handtücher zur Verfügung zu stellen.

Unter den schrillen Pfiffen von Herkules und dem lautstarken Gejohle der Zwillinge gingen wir zur Treppe. Unterwegs kamen wir an Tante Patricias Küche vorbei und erblickten durch die offene Tür ein eigenartiges, beige-braunes Wesen, das zwischen zwei Blumenkästen auf dem Fensterbrett thronte und nach draußen starrte.

»Sah aus wie ein Kater«, stellte ich fest.

»Glaubst du? So ein fettes Ungetüm?«

»Ja. Es war der Siamkater. Wie heißt er? Caligula?«

Natürlich waren wir auf unsere Wohnung sehr gespannt. Es stellte sich heraus, daß Tapeten und Teppichböden in Ordnung waren, und Mama nickte anerkennend. Es war ein Risiko gewesen, blind eine Wohnung zu übernehmen. Andererseits ließen sich gewisse Dinge von einem viele hundert Kilometer entfernten Ort aus schlecht steuern.

»Das kann erst mal so bleiben«, entschied Mama und war erleichtert. Küche und Bad waren geräumig, hell und freundlich. Mama bedauerte allerdings, daß es bloß eine Badewanne und keine Dusche gab.

Weiterhin gehörten zur Wohnung ein großes, zwei mittlere und ein recht kleines Zimmer.

»Möchtest du dieses Zimmer haben, Julia? Sieh doch, wie hübsch es ist.«

»Es ist zu klein«, kritisierte ich. »Ich möchte nicht in das kleinste Zimmer abgeschoben werden.«

»Aber dieser hübsche Erker . . .«

»Was soll ich mit dem hübschen Erker anfangen? Nein, ich möchte das Zimmer mit der gelben Tapete. Dazu meine weißen Möbel, das sieht hell und freundlich aus.«

Nach kurzem Überlegen gab Mama mir recht. »Papa bekommt das kleine Zimmer als Arbeitszimmer«, meinte sie. »Da kann er ungestört schreiben.«
Sie wußte noch nicht, daß die Wohnung unter uns die gleiche Zimmeraufteilung hatte und daß man dort die Zwillinge in das hübsche kleine Erkerzimmer einquartiert hatte.
Das große Zimmer sollte unser Wohnzimmer, mit einer Eßecke, werden.
»Wo Kristina wohl ist?« Plötzlich war mir die fremde Cousine wieder eingefallen.
Ich war neugierig auf sie. Hoffentlich würden wir uns gut verstehen und Freundinnen werden.
Mama und ich räumten unsere Reisetaschen aus. Mama wechselte die Schuhe und betrachtete verärgert den mit dem fehlenden Absatz.
»Vielleicht kannst du den Schuh reparieren lassen, wenn du den Absatz gefunden hast«, meinte ich.
Doch Mama schüttelte entschieden den Kopf. »Geh du ihn bitte suchen. Ich habe nicht die Absicht, mich diesem Indianerzelt noch einmal zu nähern.«
»Jetzt gleich?« fragte ich gedehnt. Doch schließlich war das eine gute Gelegenheit, sich den Garten näher anzuschauen. Also machte ich mich auf den Weg nach unten.
Es war beinahe beängstigend still. Aus der Küche drang kein Ton, obwohl Tante Patricia am Kochen war und das Fenster weit geöffnet hatte. Zwischen den Blumenkästen sah ich wieder den dicken Siamkater sitzen, unbeweglich wie eine Statue. Er hatte den mächtigsten Schädel, den ich jemals bei einem Kater gesehen hatte, und vollkommen starre blaue Augen. Obwohl er sich nicht rührte, glaubte ich, daß er meinen Weg am Haus entlang zur Veranda verfolgte. Erst, als er mich nicht mehr sehen konnte, fühlte ich mich wohler. Wie albern! Aber dieses Kater-Monstrum war mir unheimlich. Es dauerte nicht lange, bis ich Mamas Absatz gefunden hatte.

Ich steckte ihn in meine Tasche und näherte mich auf Zehenspitzen dem Wigwam. Ich lauschte.
»Was machst du da?« ertönte plötzlich eine feindselige Stimme hinter meinem Rücken.
Ich fuhr herum und entdeckte etwa zehn Meter hinter mir die

Zwillinge. Sie trugen noch die Kriegsbemalung, schienen aber das Kriegsbeil begraben zu haben und spielten jetzt mit zwei weißen Kaninchen. »Und was macht ihr da?« fragte ich zurück.
»Geht dich nichts an.«
Na gut, dachte ich schulterzuckend, auch egal.
»Wir haben zuerst gefragt«, sagte jetzt der mit der Beule auf der Stirn. »Du schnüffelst.«
»Überhaupt nicht«, empörte ich mich. »Ich suche etwas.«
»Was denn?« knurrte der mit der Beule.
»Das geht euch nichts an«, erwiderte ich zuckersüß.
Die beiden steckten die Köpfe zusammen und tuschelten. Dann sagte einer von ihnen: »Also gut. Wir veranstalten für Trix und Trax Hindernisrennen.«
»Heißen so die Kaninchen – Trix und Trax?«
»Ja. Willst du sie streicheln?«
Natürlich wollte ich. Behutsam fuhr ich über das weiße, weiche Fell der beiden. Sie sahen mich an, mümmelten und genossen offensichtlich die Streicheleinheiten.
»Die sind niedlich«, sagte ich begeistert.
»Ja. Sie gehören uns. Wir haben auch drei schöne weiße Mäuse. Die gefallen uns besser als Mamis blöde Katzen.«
Sie sahen einander an und rümpften einträchtig die Nasen.
Ich mußte lachen.
»Und du?« fragte der ohne Beule. »Hast du auch Tiere?«
»Zwei Hunde«, antwortete ich stolz. Sie machten skeptische Gesichter, tuschelten kurz und nickten dann.

»Okay«, bewilligten sie.
Ich mußte mir ein Lachen verbeißen. Eigentlich waren die beiden ganz drollig. Über die schlechten Manieren konnte man hinwegsehen.
»Und eure Schwester?« Es wurde Zeit, endlich einmal von Kristina zu sprechen. »Wo ist die eigentlich?«
»Beim Reiten«, sagte der verbeulte Zwilling und seufzte. Sein Bruder seufzte auch. »Sie hat einen Pferdetick. Sonst ist sie ganz okay.«
»Manchmal«, fügte der andere einschränkend hinzu. Sie nickten einträchtig.
»Ich mag Pferde auch sehr gern«, verkündete ich.
Sie sahen einander an, betrachteten mich kritisch und zuckten die Schultern. Ich begann offenbar wieder in ihrer Achtung zu sinken.
»Was suchst du denn?« fragten sie mich dann.
»Den Absatz vom Schuh meiner Mutter. Der ist abgebrochen, als ihr sie überfallen und verschleppt habt.«
Max und Moritz setzten kriegerische Mienen auf. »Kein Weißer hat in unseren Jagdgründen etwas zu suchen«, erklärten sie übereinstimmend.
»Na, bei meiner Mutter habt ihr's euch damit jedenfalls gründlich verscherzt.«
Die beiden ließen sich dadurch nicht beeindrucken. Jetzt wandten sie sich wieder den weißen Kaninchen und ihrem Hindernisrennen zu.
Wenig später rief Tante Patricia uns zum Essen. Max und Moritz überschlugen sich fast vor Eifer, die Kaninchen schnell in den Stall zu sperren und ins Haus zu rennen. Mama saß bereits am Tisch, als ich eintraf, und die Zwillinge hielten einen Umweg übers Bad wohl für überflüssig. Sie setzten sich in voller Kriegsbemalung, mit schmutzigen Händen und nach Hasenstall riechend, auf ihre Plätze.
»Was gibt's denn?« schrie der eine Zwilling.

»Spaghetti mit Tomatensauce.«
»Aber hoffentlich nicht wieder diese blöden Dinger aus der Packung!« schrie der andere.
Tante Patricia lächelte, peinlich berührt. Wie ihre Zwillinge aussahen, schien sie nicht zu stören. Dabei hatte Mama erzählt, Tante Patricia sei früher immer so pingelig gewesen und habe großen Wert auf ein gepflegtes Äußeres gelegt.
»Wo Kristina nur bleibt?«
»Die ist bei ihrem Gaul«, nuschelte Max – oder Moritz – mit vollem Mund.
Die Tante strahlte. »Kristina ist ganz verrückt nach diesem Pferd«, erklärte sie.
Kunststück, dachte ich, das wäre ich auch. Trotzdem war es gut, daß ich und nicht Kristina den Hund geerbt hatte. Tante Patricia hätte den armen Whiskey sicher sofort abgeschafft.
»Nach dem Essen holen wir ihn«, bestimmte ich und schämte mich, nicht schon früher daran gedacht zu haben.
»Wen?« wollte Mama wissen.
»Na, Whiskey Sour.«
Tante Patricia lächelte mich an. »Aber Liebes, denk bitte an die Katzen. Ihr müßt den Hund einsperren.«
»Der Hund – beide Hunde werden sich hier ebenso frei bewegen wie deine Katzen«, erklärte Mama mit gefährlich ruhiger Stimme. »Hunde brauchen Auslauf, und den haben sie hier glücklicherweise.«
Zwei Katzen, eine getigert und eine braunweiß gefleckt, wanderten durchs Zimmer auf Tante Patricia zu. Die hob die beiden auf und setzte sie auf ihren Schoß. Dann aß sie weiter. Die Katzen starrten über den Tisch hinweg zu Mama und mir und schnupperten dann an Tante Patricias Teller.
Mama aß immer langsamer. Ihr Blick wanderte zwischen den Katzen und den ungewaschenen Zwillingen hin und her. »Patricia hat sich sehr verändert«, teilte sie mir später mit. »Früher war sie so – so kleinlich.«

»Aber nicht in allen Dingen«, wandte ich ein und dachte dabei an Tante Patricias Talent, alles, was ihr gefiel, für sich zu beanspruchen – und meistens auch zu bekommen.
Am Nachmittag gingen wir Whiskey Sour abholen. Ich war sehr gespannt auf den Hund und ein bißchen auch auf die alte Hausdame Odile Schratt. Wir wunderten uns, daß wir noch nichts von ihr gehört hatten.
Als wir ins Dachgeschoß des Hauses aufstiegen und klopften, hatten wir ein unbehagliches Gefühl. Der Empfang war auch nicht sehr freundlich.
»Da sind Sie also«, sagte die ältere, rundliche Frau, die uns öffnete. »Ich habe mich schon gefragt, wann Sie sich endlich um den armen Hund kümmern.«
»Ich fürchte, wir haben ihn in der ersten Aufregung vergessen«, gab Mama kleinlaut zu.
Frau Schratt zögerte kurz, dann trat sie einen Schritt zurück und bat uns in ihre neue kleine Wohnung.
»Nehmen Sie Platz. Ich hole den Hund.«
Verstohlen sahen wir uns um. Jedoch dazu blieb wenig Zeit, denn schon stürzte ein haariges, hechelndes Ungetüm auf uns zu, schleckte Mamas Nase ab und sprang dann auf meinen Schoß.
Unter langen Stirnfransen blickten mich zwei schwarze Augen treuherzig an, und ein buschiger Schwanz mit endlos langen Haaren wedelte voller Aufregung. Das ganze Tier war weiß, grau, braun und schwarz – und es wog, wie mir schien, mindestens einen Zentner.
»Uff!« ächzte ich. »Bist du immer so ungestüm?«
»Whiskey ist ein sehr freundlicher Hund. Er liebt und möchte geliebt werden«, erklärte Frau Schratt steif.
»Na, das kann er haben.« Ich lachte und kraulte das lange Fell. Whiskey war begeistert, schleckte mein Gesicht ab, hechelte und sabberte und versuchte, seine Vorderpfoten auf meine Schultern zu legen.

»Was – was für eine Rasse ist denn das?« stammelte Mama entgeistert. Ich wußte, was sie dachte. Der Hund war riesengroß und beinahe wild – eigentlich kein Wohnungshund. Papa würde einen Schlag bekommen, wenn er ihn sah.
»Ich weiß es nicht. Da steckt Bobtail drin und Bernhardiner – und wahrscheinlich noch einiges andere. Frau Kristina hat ihn als Hundebaby gefunden. Jemand hatte ihn an der Autobahn ausgesetzt.«
»Was für widerliche Menschen es doch gibt«, empörte ich mich. »Hilflose Tiere einfach wegzuwerfen wie Müll!«
Über Frau Schratts Gesicht huschte ein Lächeln. Ich hatte mit meiner Bemerkung offenbar ihre Sympathie gewonnen. Sie wurde sofort freundlicher und richtig redselig. Später vertraute sie uns an, sie habe befürchtet, daß wir ebensolche Hundegegner wären wie Tante Patricia.
Nach einer Weile wollte ich nachschauen gehen, ob Kristina nun endlich aufgetaucht war. Ich hielt es vor lauter Neugierde kaum mehr aus.
»Geh doch zum Reitverein hinüber und frag nach ihr«, schlug Mama vor. Aber ich traute mich nicht. Ich wäre mir wie ein Eindringling vorgekommen und fürchtete, von allen Seiten neugierig angestarrt zu werden.
»Dann sieh dir wenigstens die Pferde auf der Weide an«, drängte Mama. »Vielleicht kannst du Whiskey mitnehmen.«
»Und wenn er die Pferde scheu macht?«
»Warum sollte er? Er lebt seit zwei Jahren hier. Sicher ist er an Pferde gewöhnt.«
Das leuchtete mir ein. Also überwand ich mich, bat Frau Schratt um Whiskeys Halsband und Leine und fragte sicherheitshalber noch: »Ist er brav?«
Frau Schratt lachte. »Er geht nicht gern an der Leine, wenn du das meinst. Frau Kristina ließ ihn immer frei laufen.«
Das aber wagte ich nicht. Noch nicht. Ich kannte den Hund ja kaum und bezweifelte, daß er mir ohne weiteres gehorchen

würde. Also legte ich ihm Halsband und Leine an. Er zog mich vor Begeisterung die Treppe hinunter und schleifte mich regelrecht ins Freie. Dort tanzte er laut bellend und hechelnd um mich herum, bis wir beide ganz in die Leine verwickelt waren. Mit einem Stöhnen sank ich zu Boden. Whiskey war außer sich vor Freude über das herrliche neue Spiel, trampelte mit seinen riesigen Pfoten auf mir herum und leckte glücklich mein Gesicht ab.

Tante Patricia, die uns vom Küchenfenster aus beobachtete, schüttelte den Kopf. Ich sah, daß der faule Caracalla sich endlich bewegt hatte. Er stand aufrecht da, machte einen Buckel und starrte Whiskey und mich feindselig an. Und er hatte ... – Ich mochte es kaum glauben. Mit großer Anstrengung schob ich Whiskey beiseite, zupfte mir die zerzausten Haare aus der Stirn und richtete mich auf. Ja, da stand Caracalla böse fauchend auf nur drei Beinen. Whiskey, der Caracalla nun auch entdeckt hatte, ließ ein gefährliches Knurren hören. Mit einem lauten Kreischen sprang Caracalla an Tante Patricias Brust. Whiskey war begeistert. Er fühlte sich als Held und begann wieder, mich zu umkreisen.

»Schluß jetzt, aus!« rief ich. Endlich gab er sich geschlagen und trottete nun brav neben mir her. Ich kam mir vor, als würde ich ein Kalb spazierenführen.

Wir hatten die Koppeln bald erreicht. Eine war ganz leer, auf den beiden anderen grasten einige Pferde. Es war warm und sonnig, und so konnten sie ihren Aufenthalt im Freien genießen. Ihre Schweife wedelten gleichmäßig durch die Luft, um die Fliegen zu vertreiben. Die Pferde standen in kleinen Grüppchen zusammen; nur eins hatte sich etwas abgesondert und drehte den anderen das Hinterteil zu.

Ich konnte mich nicht satt sehen an ihnen. Whiskey schien zu verstehen, was in mir vorging, und hielt sich still und brav. Er saß mit heraushängender Zunge neben mir und sah mich hin und wieder treuherzig an.

»Wie schön sie sind«, sagte ich nach einer Weile seufzend zu ihm. »Pferde sind einfach das Allerschönste auf der Welt.«
Die Tiere hatten ein glänzendes Fell und waren gut im Futter. Einige hatten sich gewälzt, so daß eine leichte Sand- und Staubschicht sie bedeckte.
Aber sogar durch diese Schicht hindurch konnte man sehen, daß sie gut gepflegt waren.
Keins der Pferde beachtete uns. Sie widmeten sich ganz dem Gras und der Fliegenabwehr.
»Und bald darf ich hier reiten. Bald, bald!« Vor lauter Freude umarmte ich Whiskey und drückte ihn fest an mich.
Ich fiel beinahe um, als Whiskey plötzlich aufsprang, mir mit einem wilden Satz die Leine aus der Hand riß und den Weg entlangjagte, der von der Koppel zum Stall führte.
Er bellte laut, machte Freudensprünge und hielt genau auf das Pferd zu, das in gemütlichem Zuckelschritt in Richtung Weide unterwegs war.
»Whiskey, nicht!« schrie ich aufgeregt. »Whiskey, komm sofort zurück!«

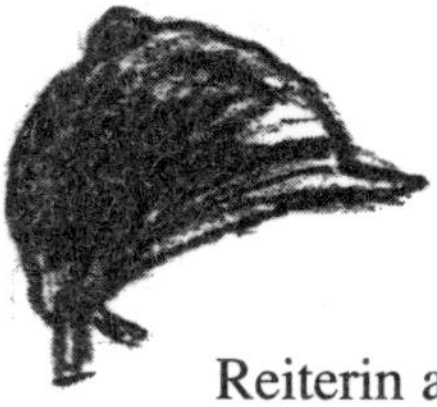

Der erste Ritt

Was, wenn das Pferd erschrak und seine Reiterin abwarf, die ohne Sattel auf seinem Rücken saß? Das Pferd trug nur ein Halfter mit einem Strick daran, den das Mädchen lose in der Hand hielt.
»Whiskey!« rief ich noch einmal. Mein Herz klopfte wild. Wenn jetzt etwas passierte, würde ich mich hier nie mehr blicken lassen können.
Doch zu meiner Überraschung passierte überhaupt nichts. Whiskey sprang zwar neben dem Pferd in die Höhe. Das Tier zeigte sich jedoch nicht ängstlich, sondern legte nur ein we-

nig unwillig die Ohren an. Mein verrückter Hund umtanzte das Pferd genauso wie vorher mich, japste und freute sich.
Im Laufschritt war ich inzwischen bei den dreien angelangt.
»Entschuldigung«, keuchte ich, »es tut mir leid.« Ich war noch so aufgeregt, daß ich kaum sprechen konnte.
Das Mädchen lachte mich an. Es hatte blondes kurzgeschnittenens Haar und helle Augen. »Das macht doch nichts«, sagte sie. »Whiskey und ich sind alte Freunde.«
»Aber das Pferd«, wandte ich ein.
Daß die Leute vom Reitverein Whiskey kannten, leuchtete mir ein. Pferde jedoch können sich meistens schwer mit riesigen Hunden anfreunden, die plötzlich auf sie zurasen und sie bellend umkreisen.
»Das kennt ihn auch.« Die Blonde lachte wieder, parierte mit einem »Brr!« durch und ließ sich von dem blanken Pferderücken hinuntergleiten. Sie war groß und sehr schlank. Jetzt streckte sie mir die Hand entgegen.
»Hallo! Du mußt Julia sein.«
Überrascht erwiderte ich ihren Händedruck. Dann bückte sich die Blonde, zauste Whiskeys Strubbelfell und richtete sich wieder auf. Endlich begriff ich.
»Du bist Kristina«, sagte ich und starrte sie an.
»Erraten. Und das ist Cherry Flip.«
Sie deutete auf das Pferd neben sich. Es war eine dunkle Fuchsstute mit schmaler Blesse und vier weißen Fesseln. Sie sah ruhig und freundlich aus, doch mir fiel auf, daß sie unglaublich dick war.
»Frau Schratt hat mir erzählt, daß Tante Kristina Whiskey immer auf ihren Ausritten dabei hatte«, plauderte Kristina nun munter. »Daher kennen sich die beiden so gut. Flip ist ruhig wie ein Fels.«
Vielleicht liegt das an ihrer Leibesfülle, dachte ich, sagte aber nichts.
Kristina jedoch schien meine Gedanken zu erraten.

»Sie ist schrecklich dick, nicht wahr? Herr Reinhold hat mir erzählt, daß die alte Tante das Pferd regelrecht gemästet hat. Sie haben sie jetzt auf Diät gesetzt, und sie hat auch abgenommen.«
»War sie noch dicker?« Ich staunte.
»Angeblich ja. Sie hat auch wenig gearbeitet, ein bißchen Gelände, weiter nichts.«
»Immerhin, es ist ein Pferd«, sagte ich mit einem Seufzer. Ein eigenes Pferd zu besitzen, das mußte wunderbar sein.
»Reitest du auch?« erkundigte sich Kristina.
»Ich bin früher mal geritten, drei Jahre lang. Aber seit zwei Jahren habe ich auf keinem Pferd mehr gesessen.« Ich streichelte Cherry Flips weiches Maul, und die Stute tastete vorsichtig mit ihren Lippen meine Hand ab. Wieder entfuhr mir ein Seufzer.
»Reitest du Cherry Flip jeden Tag?« fragte ich mit einem Anflug von Neid.
»Fast jeden Tag. Montag ist Ruhetag. Jetzt in den Ferien muß ich versuchen, sie in Form zu bringen. Später hat die Schule Vorrang. Ich muß ziemlich viel lernen. Mami behauptet, ich sei ein Faultier.«
Eine Weile schwiegen wir. Kristina streichelte Whiskey, der sich diese Behandlung nur zu gern gefallen ließ, und ich klopfte und tätschelte ausgiebig Cherry Flips Hals.
Einen Augenblick lang überlegte ich, wie es wohl wäre, wenn ich das Pferd bekommen hätte. Aber schließlich war ich auch eine große Hundefreundin und hätte Whiskey längst nicht mehr hergeben wollen.
»Soll sie nicht auf die Weide?« unterbrach ich das Schweigen. Die anderen Pferde waren am Zaun aufgetaucht und wunderten sich über uns. Sie erwarteten ihre Stallgefährtin.
»Eigentlich ja.« Kristina blinzelte mich aus ihren eigentümlich hellen grünen Augen an. »Aber hast du nicht Lust, ein paar Runden auf ihr zu reiten?«

»Darf ich denn?«
»Natürlich. Würde ich sonst fragen?«
Wir lachten einander an, Kristina abwartend, ich aufgeregt.
»Aber wo?« fragte ich dann.
Auf einen Reitplatz wollte ich nicht so gern. Ich hatte zwar noch keine Plätze entdecken können – die lagen wahrscheinlich hinter der Reithalle –, aber ich fürchtete, dort auf andere Reiter zu treffen. Ihren neugierigen Blicken wollte ich nicht gern ausgesetzt sein. Schließlich war ich vollkommen aus der Übung.
»Auf dem kleinen Auslauf, da ist kein Mensch.« Es war, als hätte Kristina meine Gedanken erraten.
»Hopp, willst du rauf?« Sie sah mich an.
»Wie denn, einfach so? Ohne alles?«
»Kannst du nicht ohne Sattel reiten?«
Ich hatte es noch nie ausprobiert.
»Na, komm schon!« Kristinas Stimme riß mich aus meinen Überlegungen.
Ich zögerte noch einen Augenblick, dann gab ich mir einen Ruck. Ich stellte mich neben Cherry Flip, griff mit einer Hand ihre Mähne, hielt Kristina mein angewinkeltes Bein hin, holte einmal Schwung – und knallte mit der Nase an Cherry Flips Rücken.
»Was war das denn?« Kristina lachte. Ich schämte mich. Wahrscheinlich war ich knallrot angelaufen.
»Erst bei drei«, bestimmte Kristina. Sie hielt noch immer mein Bein umklammert.
Cherry Flip stand wie ein Fels da und gähnte. Wie gut, daß sie so brav war!
Mir brach der Schweiß aus allen Poren, und ich war so aufgeregt, daß meine Hände und Beine zitterten.
»Eins – zwei – drei«, zählte Kristina laut. Bei drei stieß ich mich vom Boden ab, sie hob gleichzeitig mein Bein an, und schon saß ich auf Cherry Flips Rücken.

»Na?« fragte Kristina grinsend.
Ich atmete tief durch. »Okay«, sagte ich dann. Cherry Flips breiter Rücken fühlte sich angenehm weich und warm an. Ihre Wirbelsäule war kaum zu spüren. Seltsam war nur, daß sie so breit war. Ich hatte den Eindruck, als würden meine Beine wie beim Spagat waagerecht zur Seite stehen.
Kristina zog am Führstrick, und das Pferd setzte sich sogleich in Bewegung. Beim ersten Ruck griff ich unwillkürlich in die Mähne.
»Bist du sicher, daß es gehen wird?« fragte Kristina ein wenig zweifelnd.
»Ja, ja, natürlich«, versicherte ich nervös.
Wir steuerten auf einen kleinen Sandplatz zu, der seitlich des Stallkomplexes lag. Kein Mensch war zu sehen, und ich war erleichtert darüber. Es konnte sein, daß man uns vom Gutshof aus beobachtete. Aber dann entzog sich das große Gebäude unseren Blicken, und wir entschwanden aus dem Gesichtsfeld eventueller Zuschauer.
»Dann los!« rief Kristina und drückte mir Cherry Flips Führstrick in die Hand.
»Wie soll ich sie denn damit lenken?«
»Brauchst du nicht. Sie geht immer außen rum.« Kristina hielt Whiskey am Halsband fest, damit er uns nicht folgte.
Cherry Flip trottete artig auf den ersten Hufschlag. Sie bewegte sich nicht übermäßig schnell. Ich hatte mich bereits an ihren wiegenden Schritt und den glatten Pferderücken gewöhnt, so daß mein Mut wuchs und ich beschloß, es mit einem Trab zu versuchen.
»Los, Hacken ran!« rief Kristina. »Sie ist ziemlich faul, du mußt treiben!«
Hatte mein früherer Reitlehrer nicht immer gesagt, man solle mit der flachen Wade treiben? Ich versuchte es, erreichte aber bei Cherry Flip als einzige Reaktion ein müdes Ohrwackeln. Also drückte ich fester und boxte sie schließlich

mit den Absätzen. Endlich setzte sie sich in Trab. Es war ein gemütlicher, nicht gerade schwungvoller Trab.
»Nein, wie sie latscht!« Ich hörte Kristina seufzen. »Flip, du bist ein unglaublich faules Biest, aber ich werde dir schon noch Dampf machen.«
Ich dagegen war froh, auf einem so braven, faulen Pferd zu sitzen. Es war ungewohnt, ohne Sattel zu reiten, und so ein blanker Rücken mit Sommerfell ist glatter, als man denkt. Während der ersten Runde war ich noch ein bißchen hin und her gerutscht und hatte mich an Strick und Mähne festgeklammert. Inzwischen war ich sicherer geworden und hatte die Mähne losgelassen.
»Wie gefällt's dir?« fragte Kristina grinsend.
»Schön«, antwortete ich atemlos.
»Willst du nicht galoppieren?«
»Lieber nicht, so ohne Sattel.«
»Ach, komm schon!«
»Na gut.« Widerstrebend gab ich nach.
Galopphilfe – inneres Bein am nicht vorhandenen Gurt, äußeres Bein verwahrend zurück, dazu Gewicht auf den inneren Gesäßknochen –, mehr konnte ich nicht tun. Zügel hatte ich ja nicht. Aber Cherry Flip kannte die Hilfen und fiel in einen ruhigen, wiegenden Galopp.
Vor Kristina blieb sie stehen. Ich hatte ein wenig den Sitz verloren und rückte mich, heftig durchatmend, zurecht. Whiskey versuchte an mir hochzuspringen und zwickte mich vor Freude in die Wade.
»Hat's dir gefallen?« wollte Kristina wissen. »Flip sitzt sich phantastisch, nicht wahr?«
»Ja, wie Butter«, bestätigte ich. »Aber diese Speckwülste an den Schultern fühlen sich so ulkig an, wenn sie galoppiert.«
»Die hat sie nicht mehr lange«, versprach Kristina.
Gemeinsam brachten wir Cherry Flip zur Koppel. Wieder kamen die anderen Pferde angelaufen, um sie zu begrüßen.

Ich öffnete das Gatter der linken Koppel, Flip ging hinein, beschnupperte ihre Kameraden, begrüßte sie und suchte sich dann ein Stückchen sandigen Boden, auf dem sie sich ausgiebig hin und her rollte. Wir beobachteten sie dabei.
»Es ist prima, ein Pferd zu haben«, stellte Kristina fest.
»Das glaube ich«, stimmte ich neidvoll zu. »Na, ich darf wenigstens Reitstunden nehmen.«
»Hier im Verein?«
»Ja, das ist das praktischste.«
Kristina machte ein bedenkliches Gesicht. »Das wird nicht so leicht sein. Es ist ein ziemlich exklusiver Verein. Er ist zwar nicht besonders teuer, aber es gibt nur fünf Schulpferde, und daher ist die Zahl der Mitglieder, die aufgenommen werden, begrenzt.«
Ich war bestürzt. Damit hatte ich nicht gerechnet. Ich hatte es mir so schön vorgestellt, hier Reitstunden zu nehmen, direkt in der Nachbarschaft. Mir einen anderen Verein suchen zu müssen paßte gar nicht in meine goldenen Träume.
»Vielleicht klappt es ja«, tröstete mich Kristina. »Bei mir war es leicht. Ich bin Privatreiterin, und Flip hat hier schon lange ihre Box.«
»Du meinst, mit einem eigenem Pferd wäre es leichter?«
»Wahrscheinlich. Ich glaube allerdings, daß momentan alle Boxen belegt sind.«
Na ja, was spielte das für eine Rolle? Ich hatte schließlich nicht die geringste Aussicht auf ein eigenes Pferd. Wir hatten ja keine Ahnung, wie unsere finanziellen Verhältnisse sich in Zukunft gestalten würden.
Papa hatte sich auf das Wagnis eingelassen, seinen gutbezahlten Job aufzugeben. Niemand wußte, was er als Schriftsteller verdienen würde. Natürlich hatten wir Ersparnisse. Da war auch eine Lebensversicherung, die im Herbst fällig wurde. Aber bis Papa seine Rente bekam, würde es noch eine Weile dauern.

»Wir reden mal mit Herrn Reinhold«, sagte Kristina nun. »Was hältst du davon?«
»Wann denn?« fragte ich.
»Wie wär's mit morgen? Da habe ich Reitstunde. Du kommst mit, und ich zeige dir alles.«
»Morgen kommen unsere Möbel«, verkündete ich düster. »Da muß ich zu Hause helfen. Vielleicht nächste Woche.«
»Gut, sag mir Bescheid. Wir sehen uns ja.« Kristina lachte. Ich fand zwar, daß sie mir ihre Hilfe beim Ein- und Aufräumen hätte anbieten können. Andererseits war zu verstehen, daß sie darauf nicht wild war. Jedenfalls fand ich Kristina sehr nett. Ich war fest überzeugt, daß wir gute Freundinnen werden würden.
»Hast du noch ein bißchen Zeit?« erkundigte sie sich nun. »Dann könnten wir uns auf die Wiese legen, den Pferden zuschauen und ein wenig miteinander reden. Zu Hause ist es immer so unruhig.«
Ich dachte an Max und Moritz und den laut kreischenden Papagei und mußte ihr recht geben. Also legten wir uns auf die pferdelose Koppel, reckten unsere Glieder und blinzelten in die Sonne. Es war still hier und sehr gemütlich.

»Wie sind denn deine Eltern?« fragte mich Kristina, nachdem wir eine Weile lang nur in den blauen Himmel geschaut und den Wolken nachgesehen hatten.
Eine Biene summte neben meinem Ohr. Träge scheuchte ich sie weg.
»Sie sind in Ordnung«, antwortete ich dann. »Papa spielt sich gern als Herr im Haus auf. Er kann schrecklich theatralisch sein. Aber schließlich macht er doch immer das, was Mama und ich wollen.«

»Das ist gut«, fand Kristina. »Bei uns ist es ähnlich. Mami hat die Hosen an. Aber Vati versucht erst gar nicht, das Wort zu führen. Er ist ausgesprochen gutmütig und freut sich, wenn man ihn in Ruhe läßt.«
Ich versuchte wieder einmal, mir Ernst-Rüdiger vorzustellen. Auf Mamas Foto, das ich in ihrem Wäscheschrank entdeckt hatte, sah er ziemlich gut aus. Blond und braungebrannt, mit hellen Augen. Vielleicht waren sie grün wie die von Kristina.
»Weißt du«, sagte Kristina und riß mich erneut aus meinen Gedanken, »es ist ulkig, sich vorzustellen, daß deine Mutter und mein Vater mal miteinander verheiratet waren. Wir könnten Schwestern sein.«
Ein witziger Gedanke, dem wir beide eine Zeitlang nachhingen. Dann überlegte ich mir, wie Mama wohl auf die bevorstehende Begegnung mit Ernst-Rüdiger reagieren würde. Und Papa erst – o weh! Das durfte ich mir keinesfalls entgehen lassen. »Erzähl mal was über unsere Nachbarn«, forderte ich Kristina auf, um mich abzulenken.
»Och, ich kenne sie ja noch kaum. Sie reiten fast alle. Viel mehr weiß ich nicht. Da ist eine Familie Bleibtreu, na, ich kann dir sagen . . .«
Das war die Familie, die der Taxifahrer erwähnt hatte. Meine Neugier war geweckt.
»Eine Meerschweinchenzucht haben sie«, berichtete Kristina, »und außerdem zwei Ponys. Aber das beste ist: Sie haben mehr als ein halbes Dutzend Kinder. Ich habe einmal acht gezählt, aber ich vermute, mir sind noch einige entgangen.«
»Ach herrje!« Ich dachte an Papas Nerven.
»Und in Nummer drei wohnt eine seltsame Frau, die immerzu singt. Glücklicherweise geht sie tagsüber arbeiten.«
»Was singt sie denn?« fragte ich interessiert.
»Alles mögliche. Sie fängt immer mit Tonleitern an, das geht stundenlang. Dann singt sie seltsame Silben und Wörter, die

man nicht versteht. Und natürlich Lieder. Ich verstehe meistens kein Wort. Es sollen wohl Opernarien sein.«
»Ach du Schreck! Kann sie denn gut singen?«
»Ich verstehe nichts davon. In meinen Ohren klingt es jedenfalls schauderhaft.«
»Und weiter?« fragte ich.
»Sie hat auch eine Tochter, ein Mädchen mit karottenroten Haaren. Clarissa heißt sie.«
»Reitet sie auch?«
»Ja, sie hat sogar ein eigenes Pferd. Moonbeam. Eine Schimmelstute, ziemlich übergeschnappt.«
Ich suchte die Koppeln nach einer Schimmelstute ab, konnte aber keine entdecken.
Kristina erklärte mir, die arme Moonbeam dürfe nie auf die Weide, weil ja die Gefahr bestand, daß sie von einem anderen Pferd geschlagen wurde oder sich beim Herumtoben die Füße verstauchte.
»Was für ein trauriges Pferdedasein!« meinte ich.
»Ja. Da geht es Bleibtreus Ponys besser. Die stehen den ganzen Tag hinter dem Haus im hohen Gras und schlagen sich die Bäuche voll.«
Wieder schwiegen wir. Mit einer Hand tastete ich nach Whiskey, der sich zwischen uns gelegt hatte, alle viere von sich streckte und laut schnarchte.
Sein Schnarchen machte auch mich müde. Ich schloß die Augen und wäre beinahe eingenickt.
»Jetzt sollten wir aber zurückgehen«, erinnerte Kristina. »Mami wird sich schon wundern, wo ich bleibe.« Sie stand auf, klopfte ihre Reithose ab und wartete darauf, daß ich mich ebenfalls erhob.
»Nehmen wir Cherry Flip mit in den Stall?« wollte ich wissen, als Kristina sich zwischen den Stangen der Umzäunung hindurch auf die Koppel schob, auf der ihr Pferd friedlich weidete.

Cherry Flip hatte uns bereits entdeckt. Sie überlegte einen Augenblick, hob den Kopf, zögerte noch einmal und beschloß endlich, auf uns zuzukommen. Wahrscheinlich hoffte sie auf eine Leckerei.

Auch die übrigen Pferde wurden auf uns aufmerksam, sahen uns neugierig entgegen und setzten sich eins nach dem anderen in Bewegung.

Ihre Schritte wurden immer schneller. Dann fiel das erste in Trab, und schließlich umringte uns die kleine Herde schnaubend und mit gespitzten Ohren.

»Langsam, langsam!« wehrte Kristina lachend ab. »Ihr Rasselbande! Jetzt kann ich Flip nichts mehr geben.«

»Weshalb nicht?« fragte ich verwundert.

»Futterneid. Wenn du anfängst, etwas Freßbares auszupacken, versucht jeder, sich vorzudrängeln. Da kommt es leicht zu Rangeleien.«

»Auch, wenn jeder etwas bekommt?«

»Ja. Das Problem ist, daß jeder alles will.«

Die Pferde, auch Cherry Flip, mußten sich also mit Streicheleinheiten begnügen.

Dann gingen wir zum Zaun zurück, wo Whiskey uns erwartete und uns mit großen Freudensprüngen empfing.

»Ein toller Hund«, lobte Kristina und versuchte, den wild herumhüpfenden, zotteligen Haarberg zu streicheln. »Ich mag ihn furchtbar gern.«

»Ich auch. Deine Mutter leider nicht.«

»Ach, Mami ist einfach kein Hundemensch. Die mag nur ihre Katzen. Nichts gegen Minka und Blinka, die sind süß. Aber Caracalla ist ein gräßliches Katervieh.«

Plötzlich fiel mir wieder ein, daß ich bei Caracalla nur drei Beine gezählt hatte.

Als ich Kristina zögernd darauf ansprach, fing sie an zu lachen. Zuerst glaubte ich, daß sie mich auslachte, und kam mir reichlich dumm vor. Aber dann sagte sie: »Ja, ja, er hat

wirklich nur noch drei Beine. Eigentlich dürfte ich nicht lachen. Es war eine tragische Begebenheit.«
Ich bat sie, mir davon zu erzählen, und sie berichtete: »Also, das war so: Caracalla war schon immer ziemlich aggressiv, ein richtiger Raufbold. Eines Tages legte er sich, größenwahnsinnig wie er ist, mit einer ausgewachsenen Bulldogge an. Wohlgemerkt, er brach den Streit vom Zaun. Die Bulldogge wehrte sich, schnappte nach Caracallas Bein – und verletzte es so, daß es amputiert werden mußte. Seitdem hockt Caracalla wie ein dickes, fettes Monster zu Hause herum und giftet jeden an, der in seine Nähe kommt. Niemand kann ihn leiden, außer Mami.«
Während des Heimwegs dachte ich über Caracalla und seinen eigenwilligen Charakter nach, der ihn sogar ein Bein gekostet hatte.

Der Reitverein

»Was wird jetzt mit Cherry Flip?« erkundigte ich mich, als wir unser Haus fast erreicht hatten.
»Flip? Die bleibt draußen, bis Justus die Pferde in den Stall holt. Justus ist der Pferdepfleger. Er weiß unglaublich viel über Pferde und ist sehr nett. Er hat einen Holzfuß.«
»Tatsächlich?« Insgeheim fragte ich mich, ob Justus wohl ein ähnliches Erlebnis wie Caracalla gehabt hatte. Aber Kristina behauptete, erfahren zu haben, daß es sich um die Folge eines Autounfalls handelte.
»Wann kommt eigentlich dein Vater?« fragte sie dann.

»Morgen, nehme ich an. Er ist mit dem Auto unterwegs. Das ist eine weite Fahrt. Er hat Carina dabei, unseren Dalmatiner. Carina wird es schlecht beim Autofahren. Dann muß Papa jedesmal anhalten und sie frische Luft schnappen lassen.«

»Ach je«, meinte Kristina, »wäre sie da nicht besser mit euch geflogen?«

»Schon, aber sie hätte in den Frachtraum gemußt, und das hätten weder sie noch Papa überlebt.«

Kristina sah mich nachdenklich an. »Dein Vater hängt wohl sehr an dem Hund?«

»Viel mehr, als er zugibt«, erklärte ich grinsend. »Ich bin mal gespannt, was er zu Whiskey sagt. Wahrscheinlich wird er sich erst über ihn aufregen, den Hund dann aber mehr verhätscheln als alle anderen. Das ist typisch Papa.«

Bevor wir das Haus betraten, lauschte ich gespannt hinüber zum Nachbarhaus. Ich hoffte, unsere Nachbarin singen zu hören. Kristina meinte: »Du wirst noch früh genug Gelegenheit haben, ihre schrille Stimme zu bewundern. Danach wirst du keinen Wert mehr auf weitere Kostproben legen. Sie glaubt wahrscheinlich, die größte Sängerin aller Zeiten zu sein. Aber sie ist fürchterlich.«

Dennoch war ich gespannt darauf, die neue Nachbarin und ihre Tochter Clarissa kennenzulernen.

Aber zunächst stand mir eine Begegnung mit Ernst-Rüdiger bevor. Mama hatte mir eingetrichtert, ihn Onkel Rüdiger zu nennen – schließlich war er der Mann meiner Tante.

Mama war schrecklich aufgeregt, bedauerte, keine anständige Garderobe dabeizuhaben, und beschloß, ihm im Reisekostüm gegenüberzutreten. Ich versuchte, mich in sie hineinzuversetzen. Bestimmt war es ein komisches Gefühl, den früheren Ehemann nach so langer Zeit wiederzutreffen.

Ernst-Rüdiger kam ziemlich spät nach Hause. Wir saßen schon eine ganze Weile bei Tante Patricia im Wohnzimmer und warteten auf ihn. Tante Patricia hatte die beiden Katzen

auf dem Schoß, und Herkules saß auf seinem Käfig in einer Ecke und führte Selbstgespräche.
Endlich ging die Tür auf, und Ernst-Rüdiger stand im Zimmer, athletisch gebaut und braungebrannt wie immer. Wie wir später erfuhren, war er sehr um seine Figur und seine Fitneß besorgt, ging dreimal pro Woche ins Bodybuilding-Studio und joggte regelmäßig. Auch jetzt kam er »vom Training«, wie er sagte. Deshalb sei es so spät geworden. Er reichte mir die Hand, küßte meine errötende Mama auf beide Wangen und strahlte uns an. »Gut schaust du aus, Doris. Und eine hübsche Tochter hast du.«
Kristina grinste. Tante Patricias Miene war eher säuerlich, und Mama wandte leicht verlegen den Kopf zur Seite.
Alles in allem fand ich Ernst-Rüdiger nett. Ich hatte ihn mir ganz anders vorgestellt, vor allem, weil Papa immer so abfällige und bissige Bemerkungen über ihn machte.
Die Atmosphäre entkrampfte sich. Wir saßen gemütlich plaudernd beisammen, als das Telefon schrillte.
Tante Patricia setzte sanft ihre beiden Katzen auf den Boden und ging zum Apparat. Herkules, der in Ermangelung eines anregenden Fernsehprogramms schon fast eingedöst war, wurde mit einemmal wieder wach und ahmte lautstark das Klingelgeräusch des Telefons nach.
»Wer ist da? Ach so, Ernst. Du bist so schwer zu verstehen.«
Mama sprang auf.
»Das ist der Papagei. Herkules, sei endlich ruhig!«
Tante Patricia reichte Mama den Hörer, sagte überflüssigerweise: »dein Mann« und gesellte sich wieder zu uns. Herkules verstummte schlagartig, so daß wir das Gespräch mitverfolgen konnten. Mama paßte das gar nicht, da Papa offenbar tüchtig meckerte.
»Herkules? Ein Papagei. – Das weiß ich doch nicht. Sie können ihn doch nennen, wie sie wollen. Wo bist du eigentlich? – Ich verstehe. Du Ärmster. – Ja, du hast vollkommen recht. –

Ja, ganz recht, nie mehr. – Nein, sie wird nie mehr im Auto mitgenommen.«

Das bezog sich wohl auf Carina, die wieder einmal »nie mehr« Auto fahren durfte.

Dann kam eine lange Pause, und anschließend: »Wie gut, daß du daran dachtest. Sehr klug von dir. – Ja, tschüs! Bis morgen dann.«

»Was wollte Papa denn? Geht's ihm gut?« fragte ich, als Mama wieder neben mir saß.

»Er ist ein bißchen hysterisch. Er sagte, er sei eben erst über den Brenner gefahren. Jetzt versucht er, eine Übernachtungsmöglichkeit zu finden.«

»Eben erst?« Ernst-Rüdiger lachte. »Ist er mit dem Fahrrad unterwegs?«

»Nein, mit einem hochsensiblen Hund.« Mama seufzte. »Wegen Carina mußte Papa ständig anhalten. Es ist wohl für beide eine Tortur.«

Tante Patricia kräuselte die Lippen und hob demonstrativ ihre Katzen wieder auf, um sie ausgiebig zu liebkosen.

»Dann regte er sich auf, weil es so schwierig war, eure Telefonnummer herauszubekommen. Er versuchte es dann mit Tante Kristinas alter Nummer, die sich glücklicherweise in seinem Notizbuch fand.«

Wir unterhielten uns noch eine Weile, und ich dachte an Papa und Carina, die noch weit, weit von zu Hause entfernt an irgendeinem fremden Ort saßen – weit von Rom und weit von hier. Ernst-Rüdiger schlug dann vor, daß Mama und ich auf den beiden Sofas im Wohnzimmer übernachten sollten. Wir waren dankbar und erleichtert; das war besser, als die erste Nacht auf dem Fußboden zu verbringen.

Am nächsten Vormittag trafen unsere Möbel ein. Jetzt hätten wir Ernst-Rüdiger mit seinen gestählten Muskeln gut brauchen können, aber er war nicht verfügbar. Tante Patricia steckte der eigene Umzug noch in den Knochen, und auch

Kristina zog einen Tag im Reitverein vor. So waren Mama und ich ganz auf uns gestellt. Wir schufteten, bis uns die Knie wackelten und wir vor Erschöpfung nicht mehr stehen konnten. Immerhin, die Möbel standen an ihrem endgültigen Bestimmungsort. Wir plumpsten, verschwitzt und zerzaust wie wir waren, auf unsere Couch.

Whiskey, der zuvor das Weite gesucht hatte, stellte sich auch wieder ein, beschnüffelte hektisch die nach Carina riechenden Sofas, Sessel und Läufer und beglückte uns dann mit einigen Schlabbereinheiten.

Mama wehrte erschöpft ab, und auch ich konnte mir in diesem Augenblick Angenehmeres vorstellen, als eine nasse Hundezunge in meinem erhitzten Gesicht.

Am späten Abend kam Papa schließlich an. Wir hörten Motorenlärm, dann Hundegekläff. Whiskey raste bellend, knurrend und zugleich schwanzwedelnd die Treppe hinunter. Herkules schrie und pfiff, und dann wurde Papas Stimme laut. Mama und ich rannten zum oberen Treppenabsatz und starrten hinunter.

»Doris! Doris!« rief Papa müde und verärgert. »Da steht ein zotteliges Kalb und verwehrt mir den Zutritt!«

»Das ist Whiskey«, erklärte ich laut genug, um das Bellen der Hunde zu übertönen. »Laß ihn nach draußen!«

Papa gehorchte. Whiskey schoß zur Tür hinaus, Carina hinterher, und auf einmal war Carina die Gejagte, die kreischend und fiepend die Flucht ergriff.

»Das Kalb wird sie umbringen!« regte sich Papa auf.

»Ach was, er ist so lieb.« Ich lief die Treppe hinunter, um nichts von dem Schauspiel zu verpassen.

Carina rannte noch immer schreiend im Kreis, und Whiskey verfolgte sie wie ein wild gewordener, gigantischer Mop. Seine Augen leuchteten; er war von der neuen Spielgefährtin auf Anhieb begeistert. Papa zeterte um Carina. Herkules spielte Feuerwehrsirene, und zu allem Elend kamen auch

noch die Zwillinge angeschossen und umkreisten Papa mit lautem Geschrei.
»Wer seid ihr?« blaffte Papa. Er hob die Arme in die Luft und drehte sich im Kreis in dem Bemühen, die beiden nicht aus den Augen zu verlieren.
»Max!« schrie der eine.
»Moritz!« schrie der mit der Beule.
Papa fühlte sich auf den Arm genommen. »Was habt ihr hier zu suchen? Was fällt euch ein!« fuhr er die beiden an.
»Das ist unser Haus!« brüllten sie zurück und starrten Papa an. »Wer bist du denn?«
»Das ist euer lieber Onkel Ernst«, mischte ich mich ein.
»Mensch, so 'n alter Onkel«, knurrte Max.
Moritz machte ein bedenkliches Gesicht. »Mit dem ist nix mehr los«, behauptete er. »Den kannste vergessen.«
Damit ließen sie den fassungslosen Papa einfach stehen.
Carina hatte sich mittlerweile beruhigt. Sie und Whiskey beschnupperten einander aufgeregt und interessiert.
Als Papa seinen ersten Ärger hinuntergeschluckt hatte, wurde er wieder auf die zwei aufmerksam. »Ist das der Hund?« verlangte er zu wissen und musterte Whiskey eingehend.
»Ja. Ist er nicht toll? Und ganz lieb.«
»Im Haus kann er aber nicht bleiben«, meckerte Papa wie erwartet. »Das ist ja das reinste Mondkalb.«
»Wo soll er denn hin?« fragte ich.
»Große Hunde gehören in einen Zwinger«, behauptete Papa.
»Wir haben aber keinen«, entgegnete ich trotzig.
»In der Wohnung bleibt er nicht«, bestimmte Papa mit gerunzelten Brauen.
Eine halbe Stunde später saß er erschöpft auf dem Sofa und erzählte von seinen Fahrterlebnissen. Neben ihm lag Whiskey, betrachtete ihn mit treuherzigem Blick und ließ sich von Papa kraulen. Papa hatte kaum noch Platz in seinem Sofaeckchen, aber Whiskey schien sich wohl zu fühlen.

Als Papa schließlich schlafen ging, plumpste Whiskey wie selbstverständlich auf seinen Bettvorleger.
»Muß das denn sein, der Hund im Schlafzimmer?« hörte ich Mama klagen.
»Er liebt mich eben«, erwiderte Papa.
Ich konnte mir vorstellen, wie er Whiskey dabei streichelte und Mama mit einem anklagenden Blick bedachte.
Kichernd streckte ich die Hand aus, um Carina zu streicheln, die wie immer neben meinem Bett schlief.
Wir hatten alle fünf eine gute Nacht. Und das war wichtig, denn zumindest dreien von uns stand noch ein weiterer harter Tag bevor.
Doch auch die anstrengendsten und langweiligsten Umzugsarbeiten gehen einmal zu Ende. Und als wir am Abend des nächsten Tages unsere Aktionen abbrachen, hatten wir fast alles geschafft.
»Nie mehr werde ich umziehen«, schwor Papa, als er sich mit einem Ächzen aufs Sofa fallen ließ. »Hier bleibe ich bis an mein Lebensende. Das heißt«, fügte er nach einer kurzen Pause sauertöpfisch hinzu, »falls ich es fertigbringe, deine Familie auf Dauer zu ertragen.«
Der letzte Satz war an Mama gerichtet, die ihn jedoch geflissentlich überhörte. Statt dessen teilte sie uns mit, daß ihre liebe Cousine uns wieder zum Abendbrot eingeladen habe.
Papas Miene glättete sich. »Wie reizend von ihr«, fand er.
»Ja«, stimmte Mama reichlich lahm zu.
»Dann werden wir wohl auch Rüdiger begegnen«, vermutete Papa. Das klang schon wieder sauertöpfisch.
»Anzunehmen.« Mama strich sich müde eine Haarsträhne aus dem Gesicht.
»Ich frage mich überhaupt, was dieser Mann eigentlich tut«, meckerte Papa. »Wieso habe ich ihn noch nicht zu Gesicht bekommen? Ich kann mir nicht vorstellen, daß er von früh bis spät arbeitet. Das paßt doch gar nicht zu ihm.«

»Wahrscheinlich wird er in seiner Freizeit Almosen erbetteln«, versetzte Mama böse.
Beinahe wäre es zum Streit gekommen, doch Tante Patricias Ruf: »Essen ist fertig!« lenkte uns rechtzeitig ab.
Die Begegnung zwischen Papa und Ernst-Rüdiger verlief ausgesprochen harmlos.
Papa benahm sich sehr freundlich, fast als träfe er nach langer Zeit seinen besten Freund wieder.
Er strahlte, klopfte Ernst-Rüdiger auf die Schulter und nannte ihn »alter Knabe«.
Ich sah, wie Mama sich immer wieder auf die Lippen biß, aber bestimmt nicht, um sich das Lachen zu verbeißen. Sie war ärgerlich.
Zuerst machte Papa eine Menge Wind, und dann trug er seine heiterste, leutseligste Miene zur Schau.
Ernst-Rüdiger war gerade vom Joggen gekommen. Immerhin hatte er es geschafft, sich vor dem Essen zu duschen und umzuziehen, und jetzt saß er in Jeans und T-Shirt Papa gegenüber, der seine hellgraue Hose und eine ordentlich gebundene Krawatte trug. Ernst-Rüdiger zeigte seine strahlendweißen Zähne und die braunen, muskulösen Arme und genoß Papas neidvolle Blicke.
Natürlich versuchte Papa, sich seinen Neid nicht anmerken zu lassen. Er redete eine Menge, gab unerhört an und verstummte erst, als Ernst-Rüdiger lachend auf Papas Bäuchlein klopfte und sagte: »Dir würde ein bißchen Training auch nichts schaden.«
Auf dem Weg nach oben fing Papa wieder an zu meckern.
»Training, Training«, knurrte er. »Was bildet der Kerl sich eigentlich ein! Ich bin fünfzehn Jahre älter als er.«
»Natürlich«, stimmte Mama friedlich zu.
»Es kann schließlich nicht jeder solche Muskeln haben«, regte Papa sich weiter auf. »Er hat die Muskeln, und ich habe den Grips.«

Mama nickte geduldig.
»Grips ist schließlich auch etwas wert, oder?« Papa blieb stehen, starrte uns an, rief noch einmal: »Oder?«
Wir nickten, aber Papa war jetzt nicht mehr zu beruhigen, und für den kurzen Rest des Abends zog er sich mit den Hunden mißmutig in eine Ecke der Wohnung zurück.

Drei Tage später war es soweit. Mein erster Besuch im Reitverein stand bevor. Ich war aufgeregt und freute mich darauf. Während der letzten zwei Tage hatte ich mich ein bißchen gelangweilt. Den ganzen Sonntag über hatte ich Frau Simons schrillen Sopran bewundern dürfen. Papa hatte fast einen Nervenzusammenbruch bekommen. Er war der Ansicht, Kinderlärm, Papageiengekreisch und singende Frauen seien mehr, als der Mensch ertragen könne. Seine Vorstellung war einigermaßen abwechslungsreich gewesen. Aber ein theatralischer Vater war auf Dauer nicht die richtige Unterhaltung. Jetzt, nachdem der erste Umzugstrubel vorüber war, fühlte ich mich leer und unausgefüllt. Ein merkwürdiges Gefühl beschlich mich – so etwas wie Heimweh. Heimweh nach Rom. Noch war alles so fremd hier, so ungewohnt, so anders.
Am Dienstag endlich holte Kristina mich ab, und gemeinsam gingen wir zum Reitverein.
»Hoffentlich klappt es, hoffentlich klappt es«, murmelte ich unentwegt wie eine Beschwörungsformel vor mich hin.
Ich würde mit Herrn Reinhold sprechen und wünschte mir brennend, daß er mich irgendwie in seine Reitstunden einschieben konnte.
»Hoffentlich klappt es«, betete ich weiter herunter.
Bis Kristina mich von der Seite ansah und schrie: »Kannst du nicht endlich aufhören!«
Ich verstummte. Wir sahen einander an, dann grinsten wir.
»Es wird schon klappen«, sagte Kristina zuversichtlich. »Irgendwie geht es immer.«

Je mehr wir uns dem Stall näherten, desto langsamer wurden meine Schritte. Ich war entsetzlich aufgeregt. »Nun komm schon«, drängte Kristina, »es frißt dich ja keiner.«
Sie wollte zur Springstunde, die jeden Dienstagabend um sechs Uhr stattfand und an der neben einigen Privatreitern nur ein besonders ausgewählter Kreis von Schulreitern teilnehmen durfte. Kunststück, bei nur fünf Schulpferden. Das gleiche galt für die Dressurstunde am Donnerstag, soviel hatte ich bereits erfahren.
»Die beiden Stunden kannst du vergessen«, hatte Kristina gleich gesagt. »Aber die normalen Reitstunden sind auch prima, da wird Dressur geübt und gesprungen – außer in den Anfängergruppen natürlich.«
Was diese Bemerkung bedeuten sollte, wußte ich nicht. Ich hoffte, daß Kristina meine Reitkünste nicht so niedrig einstufte, daß sie nur für Anfängerstunden langten. Ein bißchen mehr hatte ich eigentlich schon zu bieten.
Das große Stalltor stand weit offen. Schon von außen sah ich mehrere neugierige Pferdeköpfe, die aus den großen Boxenfenstern auf die Stallgasse schauten.
Am Ende der Stallgasse, nahe dem Hallentor, stand eine Gruppe von Reitern. Sie unterhielten sich und lachten. Kein Wunder, sie kannten einander. Mit einemmal fühlte ich mich wieder wie ein fremder Eindringling, und ich war froh, Kristina an meiner Seite zu wissen.
»Können wir erst die Pferde ansehen?« fragte ich nervös, um ein wenig Zeit zu gewinnen.
»Ja, natürlich. Ich zeige dir die Schulpferde«, erwiderte Kristina, die sich schon gut auskannte.
Aus den Augenwinkeln sah ich, wie sich ein großer schlanker Mann in Reithose und festen Schuhen zu der kleinen Gruppe gesellte.
Er hatte dunkles, über der Stirn bereits licht gewordenes Haar und eine angenehm tiefe Stimme.

»Die Privatreiter können schon nach draußen gehen und beim Parcours-Umbau helfen«, sagte er. »Michael zeigt euch, was gemacht werden muß. Die Schulreiter bleiben noch hier. Wir teilen jetzt die Pferde ein.«
Ein Teil der Mädchen und Jungen wandte sich zum Gehen, fünf andere blieben stehen.
»Können wir nicht wie immer . . .«, bettelte ein blondes Mädchen mit langem Zopf.
Der Mann, der wohl Herr Reinhold sein mußte, lachte. »Immer wollt ihr eure Lieblinge reiten«, neckte er. »Aber ein guter Reiter muß mit jedem Pferd zurechtkommen.«
»Ich möchte so gerne Kassim . . .«
»Ich fühle mich auf Luxor einfach am wohlsten.«
»Warum darf ich nicht Ma Belle reiten?«
»Nun wartet doch ab!« Herr Reinhold hob abwehrend die Hände. »Stefan bekommt Antares«, entschied er dann.
»Das ist typisch! Er bekommt sein Lieblingspferd«, protestierte das Mädchen mit dem Zopf.
»Antares hat zwei Tage gestanden, und ihr wißt genau, wie temperamentvoll er ist. Stefan kommt nun mal am besten mit ihm klar.«
Das klang energisch und entschieden, und niemand wagte mehr zu protestieren.
Ich sah, wie ein großer Junge mit braunem Haar sich aus der Gruppe löste und auf eine der Boxen zusteuerte.
Dann riß Kristina mich aus meinen Gedanken. »Sag mal, hörst du eigentlich zu?«
»Ja, entschuldige.« Ich wandte meine Aufmerksamkeit wieder Kristina und ihren Erklärungen zu.
»Das ist Kassim«, erläuterte sie und deutete auf einen eleganten Schimmel mit deutlich arabischer Prägung. »Viel kann ich dir natürlich nicht erzählen, ich kenne die Pferde ja nicht so gut. Kassim ist ziemlich temperamentvoll, aber ohne Mucken. Dressur mag er nicht, dafür springt er recht gut.

Dann kommt hier Ma Belle«, fuhr sie fort und deutete auf eine Fuchsstute mit breiter Blesse und unruhigen Augen. »Im allgemeinen ist sie brav, aber man weiß nie genau, was ihr so einfällt. Sie kann Menschenansammlungen nicht leiden, deshalb sieht sie jetzt auch so giftig aus.«
Nun kamen wir zu einem großen, eleganten braunen Wallach, der uns aus der halbgeöffneten Tür neugierig entgegensah. Er hatte eine kleine Flocke auf der Stirn und sonst kein weißes Abzeichen.
»Das ist Antares«, erläuterte Kristina.
Der Junge namens Stefan war gerade dabei, ihn zu satteln und aufzutrensen.
Beim Klang von Kristinas Stimme blickte er auf. »Hallo!« rief er uns zu.
Kristina erwiderte den Gruß, ich nickte, weil mein Hals schon wieder trocken wurde.
»Du bist doch sicher Julia«, sagte Stefan zu meiner großen Überraschung.
»Ja, woher weißt du das?« stammelte ich.
In Stefans dunkle Augen trat ein spöttisches Glitzern. »So etwas spricht sich herum in unserer Nachbarschaft.«
»Wohnst du auch auf dem Drachenhof?«
»Ja, in Nummer zwei«, bestätigte Stefan. Ich wunderte mich, weshalb ich ihn noch nicht gesehen hatte.
»Müßtest du nicht draußen sein und den anderen helfen?« fragte Kristina nun.
Stefan wandte sich ihr zu. »Na, und du?« Er lachte.
»Eigentlich auch«, gab sie zu.
»Eben! Ich reite lieber ein bißchen länger ab. Antares war heute noch nicht draußen, im Gegensatz zu den anderen. Und er ist beim Springen immer so übereifrig.« Er klopfte dem großen Pferd freundschaftlich den Hals.
»Laß uns weitergehen«, drängte Kristina nun. »Der Fuchs da heißt Luxor, ein ganz fauler Kerl, und der Braune nebendran

ist Tibor. Er ist schon ein bißchen alt und steif und hält nicht viel vom Springen. Aber er war einmal ein gutes Dressurpferd, und seine M-Lektionen spult er immer noch ganz brav und gehorsam ab. Ein Pferd wie eine Lebensversicherung – alle Anfänger reißen sich um ihn.«

Ich bemerkte, daß Stefan Kristinas Worten lauschte, und erwartete schon, daß er vielleicht fragen würde, ob ich auch reiten lernen wolle. Dann könnte ich mit gutem Gewissen sagen, daß ich keine Anfängerin mehr sei.

Schließlich hatte ich ja nicht alles vergessen, was ich in drei Jahren gelernt hatte. Mein früherer Reitlehrer hatte oft meinen Sitz gelobt, und im Springen hatte ich zu den Besten meiner Gruppe gehört.

Na ja, Kunststück, bei den kleinen Hürden, mit denen wir damals anfingen. Ich fragte mich, ob ich überhaupt noch springen konnte. Damals hatte es mir großen Spaß gemacht.

»Komm jetzt«, sagte Kristina, »wir müssen Herrn Reinhold noch erwischen.«

Bevor mir eine Ausrede einfiel, um das Gespräch weiter hinauszuzögern, hatte Kristina mich schon beim Arm gepackt.

»Herr Reinhold, Augenblick, bitte!« rief sie dem Reitlehrer nach, der sich gerade anschickte, draußen auf dem Springplatz nach dem Rechten zu sehen. Jetzt blieb er stehen, drehte sich um und sah uns fragend entgegen.

Kristina strahlte ihn an. »Das ist meine Cousine Julia«, verkündete sie und sparte sich eine lange Einleitung. »Sie möchte auch Reitstunden nehmen.«

Ich hätte gern auf meine Fußspitzen gestarrt, zwang mich aber, Herrn Reinholds prüfendem Blick standzuhalten. Er hatte durchdringende graue Augen, die nun forschend, aber nicht unfreundlich auf mir ruhten.

»Soso«, meinte er dann, »das wird aber schwierig werden.«

Mein Mut begann zu sinken. Ich schluckte heftig und hielt den Atem an, als Herr Reinhold nach einem dicken schwarzen Notizkalender griff und ihn mit gerunzelten Brauen aufmerksam durchblätterte.

»Es gäbe da schon eine Möglichkeit«, stellte er dann fest. »Aber ich weiß nicht, ob auch deine Eltern damit einverstanden wären.«

Herrje, was hatte denn das zu bedeuten? Ich starrte den Reitlehrer an. »Was für eine Möglichkeit ist das?« fragte ich heiser und ärgerte mich über meine Unbeholfenheit.

»Du könntest an einer Erwachsenenstunde teilnehmen, da habe ich eine Vakanz. Mittwochabend von acht bis neun.«

Von acht bis neun – das war ja reichlich spät. Schließlich ging ich noch zur Schule.

Aber, verflixt noch mal, ich war fünfzehn und kein kleines Kind mehr. Außerdem befand sich die Reitschule in unserer direkten Nachbarschaft. Da war kein großer Anfahrtsweg nötig, und meine Eltern mußten keine Angst haben, wenn ich im Winter allein im Dunkeln unterwegs war. Papa würde natürlich erst einmal brummen, aber er brummte sowieso über meine Reitstunden.

»Ich glaube, das wird gehen«, antwortete ich also und bemühte mich, zuversichtlicher und selbstbewußter zu wirken, als ich tatsächlich war.

Herr Reinhold lächelte. »Gut. Hier ist der Antrag zur Aufnahme in den Verein. Und wenn du möchtest, komm gleich morgen abend zur ersten Stunde.«

Morgen abend schon! Vor meinen Augen drehte sich alles. Ich konnte es kaum fassen.

»Und du, Kristina, solltest dich beeilen. Die anderen sind schon fast fertig.« Mit diesen Worten und einem freundlichen Nicken ließ Herr Reinhold uns allein.

»Auweia, er hat recht!« Kristina flitzte in die Sattelkammer.

»Ich helfe dir«, versprach ich.

Zu zweit machten wir Cherry Flip in Rekordzeit fertig und führten sie nach draußen, wo die anderen Reiter schon im

Schritt am langen Zügel über den Rasen des Parcours ritten. Kristina gurtete hastig nach, zog die Bügel herunter und schwang sich in den Sattel.
»Ich bin ganz aufgeregt«, sagte sie. »Es ist meine erste Springstunde mit Flip. Hoffentlich weiß sie überhaupt noch, was zu tun ist.«
»Bist du noch nie mit ihr gesprungen?« wollte ich wissen.
»Doch, im Gelände ein bißchen und letzte Woche in einer Reitstunde. Daraufhin meinte Herr Reinhold, ich solle es mal probieren. Angeblich ist Flip früher mal einige Springen gegangen. Das war, bevor Tante Kristina sie kaufte.«
Mit zitternden Händen streifte Kristina ihre Reithandschuhe über. Ich konnte ihre Nervosität gut nachempfinden. Die erste Springstunde auf einem Pferd, das einem noch nicht völlig vertraut war ...
»Kristina! Wir warten auf dich!« klang Herrn Reinholds Stimme zu uns herüber.
»Ich komme schon!« Kristina ritt im Zuckeltrab davon, und ich schlenderte langsam zur Umzäunung. Ich hatte beschlossen, mir nichts entgehen zu lassen. Einige Meter von mir entfernt standen noch einige andere Jugendliche und ein älterer Mann mit einem Boxer an der Leine. Der Mann bildete sich offenbar ein, Herrn Reinhold Arbeit abnehmen zu müssen, denn er zischte einer grauhaarigen Dame auf einer zierlichen

Rappstute ununterbrochen Anweisungen zu. – Wie albern! dachte ich. Warum unterrichtet er sie denn nicht, wenn er glaubt, alles besser zu wissen?
Während die Reiter ihre Pferde noch im Schritt und Trab am langen Zügel bewegten, versuchte ich, mir ihre Gesichter einzuprägen und aufgrund von Herrn Reinholds Anmerkungen und Kommentaren ihre Namen kennenzulernen.
Auch die Pferde interessierten mich, besonders natürlich die Schulpferde.
»Antares muß tiefer eingestellt werden, Stefan!« schallte Herrn Reinholds Stimme über den Platz.
Ich faßte den eleganten Dunkelbraunen ins Auge. Er trabte schwungvoll voran mit fast dressurmäßiger Aufrichtung. Stefan ritt sehr konzentriert mit geradem Rücken. Jetzt versuchte er, das Pferd etwas mehr in die Tiefe zu reiten. Antares, der heftig auf dem Gebiß kaute, schlug mit dem Schweif und legte deutlich an Tempo zu. Er schien tatsächlich sehr lebhaft zu sein. Sicher war es nur Stefans Einfühlungsvermögen und seinem Können zu verdanken, daß Antares sich überhaupt kontrollieren ließ. Man sah dem Tier an, daß es vor Temperament fast platzte und am liebsten gleich davongestürmt wäre.
Meine Blicke glitten weiter zu dem kräftigen, faulen Luxor. Seine Reiterin, ein dunkelhaariges Mädchen mit Pferdeschwanz, war jetzt schon vom vielen Treiben und vor Anstrengung ganz rot im Gesicht.
»Nimm gefälligst die Beine ran, Beate!« rief Herr Reinhold. »Luxor latscht dahin, als würde er gerade ins Traumland hinübergleiten.«
Beate jammerte leise, gab Luxor einen Klaps mit der Gerte und boxte ihn mit dem Absatz, den Herr Reinhold nicht sehen konnte.
Dann fiel mein Blick auf das Mädchen mit dem langen Zopf. Es saß auf Kassim, der den Kopf sehr hoch trug und manch-

mal einige Seitwärtsschritte einlegte. Er war nur schwer zum Geradeausgehen zu bewegen, nahm das Gebiß nicht an und ging außerdem mit zu hoher Kruppe. Herrn Reinhold fiel eine Menge ein, was zu kritisieren war. Man merkte Kassim deutlich an, daß er selbst für die leichteste Dressurarbeit nicht das geringste Verständnis hatte.

»Wieso trägt der Schimmel eigentlich kein Martingal? Annette, du solltest eigentlich wissen, daß er eins braucht. Schließlich reitest du ihn fast jedesmal.«

Annette grinste und ritt ungerührt weiter. Kassim reckte den Kopf noch höher und schielte dauernd auf die Hindernisse. Es dauerte eine ganze Weile, bis er sich etwas besser konzentrierte und allmählich anfing, ein bißchen an den Zügel heranzutreten.

Nun beobachtete ich Ma Belle. Die Stute bewegte sich ruhig, solange sie sich am anderen Ende des Platzes befand. Je mehr sie sich aber uns Zuschauern näherte, desto verkrampfter wurden ihre Bewegungen, und ihre Augen blitzten unruhig. Ein seltsames Pferd!

Sie schien mehrere Menschen an einem Platz nicht zu mögen, und obwohl wir alle uns ruhig und still verhielten, machte unsere Anwesenheit sie nervös.

Ma Belles Reiterin war groß, sehr schlank und hatte hellblondes Haar, dessen Pagenschnitt ein blasses, fast weißes Gesicht einrahmte. Sie wirkte zerbrechlich und ebenfalls nervös. Obwohl ein nervöser Reiter eigentlich kein nervöses Pferd reiten sollte, schienen die beiden zusammenzupassen.

»Ruhig sitzen, Margit«, mahnte Herr Reinhold, »und halte ganz ruhigen Kontakt zu Ma Belles Maul. Beine ran, aber nicht zu sehr treiben. Du mußt versuchen, sehr ruhig und ein wenig passiv zu sitzen.«

Ich bemühte mich, mir alles zu merken. Vielleicht würden mir diese Beobachtungen beim ersten Ausprobieren der Pferde ein wenig helfen.

»Jetzt mal jeder irgendwo angaloppieren, ganze Bahn, leichter Sitz, verteilt euch über die ganze Fläche, und keine Jagereien, bitte.«
Ein Pferd nach dem anderen wechselte die Gangart. Antares schaltete mehrere Bocksprünge ein und schien sich mächtig aufs Gebiß zu legen. Kassim galoppierte auf zwei Hufschlägen. Die langbeinige Ma Belle faßte ausgerechnet vor den Zuschauern Galopp, sprang um in den Kreuzgalopp und warf heftig den Kopf auf.
Erst, als sie an uns vorüber war, wurde sie wieder ruhiger, ließ sich durchparieren und galoppierte erneut an, ruhig diesmal und sehr geschmeidig. Sie war ein elegantes Pferd mit guten Bewegungen. Aber ihre Unberechenbarkeit gefiel mir nicht, und ich wußte, daß sie sicher nicht mein Lieblingspferd werden würde.
Am anderen Ende der Bahn bockte eine Schimmelstute und raste dann plötzlich los. Sie prallte auf Tibors Hinterteil, der in schöner Versammlung dahingaloppierte, sich auch jetzt nicht beirren ließ und nur kurz mit den Ohren zuckte. Seine Reiterin aber wandte giftig den Kopf und schnauzte die Reiterin des Schimmels an.
»Ich kann nichts dafür«, kreischte die, zerrte am Zügel ihres Pferdes, das sie prompt mit zwei, drei wilden Bocksprüngen abwarf. Die Schimmelstute donnerte, immer wieder auskeilend, über den Platz.
»Alles durchparieren!« ertönte Herrn Reinholds Stimme.
Die Schimmelstute sorgte für eine Menge Wirbel. Einige andere Pferde ließen sich anstecken.
Antares versuchte zu buckeln, wurde aber von Stefan gut unter Kontrolle gehalten. Ma Belle blieb seltsamerweise ruhig und gelassen; sie befand sich allerdings gerade an der gegenüberliegenden Seite. Luxor stand wie ein Fels und genoß die Pause. Cherry Flip verfolgte das freilaufende Pferd mit erstaunten Blicken. Der kleine Rappe der grauhaarigen Da-

me machte einen Riesensatz, der die Reiterin ins Gras beförderte, und ein großer Fuchswallach mit vier hochweißen Beinen stieg einige Male auf die Hinterbeine, was seinen Reiter aber nicht weiter beeindruckte.
Nun lieferten sich der Schimmel und der Rappe ein munteres Rennen. Die grauhaarige Dame saß stöhnend am Boden, versicherte aber Herrn Reinhold und dem Mann mit dem Boxer, es sei ihr nichts passiert. Das Mädchen mit der Schimmelstute stand mittlerweile wieder auf den Beinen. Es heulte fast vor Zorn und begann jetzt, seinem Pferd in langen Sprüngen nachzusetzen.
»Nicht nachlaufen, Clarissa!« rief Herr Reinhold ärgerlich.
»Aber Moonbeam rennt so. Sie tut sich bestimmt weh.«
Das war also Clarissa. Eigentlich hätte ich es ahnen müssen. Sie hatte Haare von so leuchtendem Karottenrot, wie ich es nie zuvor gesehen hatte.
»Wenn du ihr nachläufst, treibst du sie noch mehr an.«
Clarissa brach nun wirklich in Tränen aus. Was für ein Baby! dachte ich. Allmählich beruhigten sich die beiden herumrasenden Pferde. Sie fielen in Trab, dann in Schritt und ließen sich schließlich einfangen.
Herr Reinhold stieß einen Seufzer der Erleichterung aus, als beide Reiterinnen wieder im Sattel saßen.
Clarissa schniefte noch eine Weile, streichelte dann Moonbeams Hals und sprach mit erhobener Stimme auf sie ein. »Du bist mein bester Schatz«, hörte ich sie sagen, »aber ich muß einmal ernsthaft mit dir reden. Du kannst eine ganz Schlimme sein, du böse Moonbeam.«
Ich sah, wie die Jungen und Mädchen neben mir die Köpfe zusammensteckten und grinsten. Wahrscheinlich fanden sie Clarissa ebenso albern wie ich.
»Hallo, Monika!« rief Herr Reinhold zu der kleinen Gruppe hinüber. Ein dunkelhaariges, schon etwas älteres Mädchen hob den Kopf. »Ja, Papa?«

»Könntest du bitte kurz nach Tänzerin schauen? Eine Bandage hat sich gelöst.«
Monika nickte, lief auf die Rappstute der grauhaarigen Dame zu und machte sich an deren linkem Vorderfuß zu schaffen. Währenddessen kümmerte Herr Reinhold sich weiter um seine Reiter. Er ließ sie über einige Trabstangen gehen, dann einige kleine Gymnastiksprünge absolvieren.
Ich beobachtete gespannt, wie Cherry Flip ihre Sache wohl machen würde. Kristina sah hin und wieder aufgeregt zu mir herüber. Aber sie hatte eigentlich gar keinen Grund mehr, nervös zu sein. Cherry Flip bewältigte die kleinen Stangen und niedrigen In-Outs ohne Probleme, verweigerte nicht und regte sich auch nicht auf.
Da machten einige andere Pferde weit mehr Probleme. Luxor zum Beispiel, der nach jedem Sprung stehen bleiben wollte. Oder Moonbeam, die jedesmal versuchte loszurasen, von Clarissa nicht gehalten werden konnte und durch die Hürden raste, so daß die Stangen in alle Richtungen flogen. Herr Reinhold bewies eine Engelsgeduld. Erst, als Clarissa anfing, sich in die Bügel zu stellen und wild am Zügel zu ziehen, wurde er böse.
»Setz dich gefälligst hin, mach die Beine zu, nimm die Zügel kürzer, wesentlich kürzer, und arbeite mit Paraden!« herrschte er Clarissa an.
Clarissa schien nicht zu hören. Sie zog die viel zu langen Zügel wieder fast bis unters Kinn und kreischte: »Moonbeam, laß das!«
Es wunderte mich, daß Herr Reinhold sie nicht einfach vom Platz schickte. Ich hätte es wahrscheinlich getan. Aber ich taugte auch nicht zum Unterrichten, ich war viel zu ungeduldig für so etwas.
Als die anderen sich allmählich den höheren Hindernissen zuwandten, mußte Clarissa noch immer an den Trabstangen und In-Outs arbeiten, jetzt unter Monikas Aufsicht. Ich

wandte meine Aufmerksamkeit sehr bald den anderen zu, denn was sie zeigten, war wesentlich interessanter.
»Soweit gut. Jetzt der Parcours.« Herr Reinhold erklärte seinen Schülern den Kurs, fragte, ob sie alles verstanden hätten, und schickte dann Michael als ersten los. Sein großer Fuchs zog mit mächtigen Galoppsprüngen ein Hindernis nach dem anderen an. Kraftvoll und fast verächtlich überwand er zuerst eine kleine Bürste, dann einen Oxer, zwei Steilsprünge, eine rote Mauer, noch einen Oxer, eine Triplebarre und schließlich einen Plankensprung, den ich reichlich hoch fand und mit unbehaglichem Gefühl betrachtete.
»Gut, Michael. Das Tempo vielleicht etwas ruhiger. Und an der Mauer stimmte der Absprung nicht, ihr seid dort zu früh abgesprungen.«
»Perseus schafft das schon«, meinte Michael und klopfte dem Fuchs den Hals.
Herr Reinhold runzelte die Brauen. »Eine reichlich seltsame Einstellung«, fand er. »Du hast schlecht taxiert und ihm selbst das Tempo überlassen, das darf dir im Parcours nicht passieren. Bei dieser Höhe kommt dein Pferd trotzdem klar, aber in einem M-Springen bei höheren Abmessungen sieht die Sache schon anders aus.«
Michael grinste. Ich fragte mich, woher er den Mut nahm, den Reitlehrer so unbeeindruckt anzugrinsen. Als ich etwas später erfuhr, daß Michael Monikas Bruder und somit Herrn Reinholds Sohn war, wunderte ich mich nicht mehr. Außerdem, erzählte man mir, sei Michael für seine flapsige und respektlose Art bekannt.
»Der hat sogar in der Schule alle seine Lehrer fertiggemacht«, behauptete Monika. »Jetzt hat er das Abi geschafft, wahrscheinlich auch eher mit Frechheit und Witz als mit irgend etwas anderem.«
Als nächste sprang eine junge Frau auf einem mittelgroßen, unauffälligen Braunen.

Und dann war Stefan an der Reihe. Da schaute ich natürlich genau hin, Antares war immerhin ein Schulpferd, und ich hoffte sehr, ihn bald einmal reiten zu dürfen.
Die beiden machten ihre Sache gut. Antares war noch immer recht munter und drängte zwischen den Sprüngen mächtig vorwärts. Doch es gelang Stefan immer wieder, ihn rechtzeitig zu versammeln und gut an die Hindernisse heranzubringen. Nur einmal wurden Pferd und Reiter sich nicht einig. Antares wehrte sich gegen die Hand, Stefan versuchte, noch mehr Tempo einzufangen, um ihn passend an die Triplebarre zu reiten.
Aber dann stimmte auf einmal nichts mehr. Antares tat einen kläglichen Hüpfer, Stangen prasselten zu Boden, Stefan machte ein verbissenes Gesicht, beruhigte sein sauer reagierendes Pferd mit einem kurzen Klopfen an den Hals und ritt, als wäre nichts geschehen, den nächsten Sprung an. Antares' Ohren klappten wieder nach vorn, und die beiden beendeten ihre Runde ohne weiteren Zwischenfall.
»Okay«, sagte Herr Reinhold. »Du weißt, was du vor der Triplebarre falsch gemacht hast?«
Stefan nickte und gab Antares dabei einen lobenden Klaps. »Ja, ich bin zu sehr rückwärts geritten, um den Absprung zu finden, statt es nach vorne passend zu machen.«
»Ja. Außerdem habt ihr zu lange miteinander gestritten, das stört den Rhythmus.«
»Ich weiß, es war meine Schuld.«
»So, jetzt Kristina. Bist du bereit?«
Ich verfolgte aus den Augenwinkeln, wie Michael und Stefan nebeneinanderher ritten und sich unterhielten.
Doch dann konzentrierte ich mich auf Kristinas Springkünste und Flips Talent.
Die beiden begannen in flottem Tempo. Flip war schon ziemlich verschwitzt und keuchte auch mehr als die anderen Pferde. Ihre Leibesfülle machte ihr ganz schön zu schaffen.

Die ersten Hürden bewältigte sie mit knapper Not. Beim zweiten Steilsprung fiel eine Stange. Vor der Mauer verweigerte Flip, schnaubte mißtrauisch und betrachtete das rote Ding mit deutlicher Abneigung. Kristina hatte bei dem abrupten Abbremsen einen Bügel verloren und brauchte eine Weile, bis sie sich wieder aufgerichtet und die Zügel nachgegriffen hatte. Sie war ziemlich rot im Gesicht, ob vor Anstrengung oder Scham vermochte ich nicht zu sagen. Wahrscheinlich wollte sie, die hier noch relativ neu war, vor den Augen der anderen gut bestehen.
»Komm, noch einmal! Beine zu! Ganz gerade auf die Mauer zuhalten. Und die Beine ran! Nimm ruhig mal die Hacken, ganz energisch.«
Wieder verweigerte Cherry Flip. Kristina schnaufte heftig durch und wendete erneut.
»Als ob die springen könnte!« hörte ich Clarissa, die ganz in meiner Nähe stand, zu Annette sagen.
»Mach's erst mal besser«, entgegnete Annette. Sie war nicht auf den Mund gefallen und gehörte offenbar zu den Leuten, die meist sagen, was sie denken. Clarissa schwieg beleidigt.

Mittlerweile war es Kristina gelungen, Cherry Flip zum Springen zu veranlassen.
Die Stute machte einen kläglichen Hüpfer, der die Reiterin fast aus dem Sattel beförderte, kam dann aber allmählich wieder in Schwung. Oxer und Triplebarre gelangen recht gut, aber den Plankensprung riß Flip nach verpatztem Absprung gründlich nieder; gleich drei Planken auf einmal fielen. Erschöpft und noch immer knallrot im Gesicht kehrte Kristina zu den anderen zurück.
»Na also, du hast's ja überlebt«, sagte Stefan aufmunternd und mit gutmütigem Spott.
»Und unsere Hindernisse auch«, lästerte Michael. »Um die hatte ich nämlich Angst, vor allem um die Mauer, als es aussah, als würde Flip sich mit ihrem dicken Hinterteil einfach draufsetzen.«
Die beiden lachten. Alle lachten, bis auf Clarissa. Die war jetzt nämlich an der Reihe, bot aber eine so klägliche Vorstellung, daß Herr Reinhold ihr vorschlug, einmal Privatstunden zu nehmen. »Ihr seid einfach noch nicht reif für die Springstunde«, sagte er ruhig und freundlich, aber bestimmt.
Clarissa brach wieder in Tränen aus. Ohne ein Wort zu sagen, verließ sie mit einer erhitzten, verschwitzten Moonbeam, die wild den Kopf hin und her warf, den Parcours.
Unterdessen waren Herr Reinhold, seine Tochter und zwei weitere Helfer damit beschäftigt, den von Moonbeam verwüsteten Parcours wieder aufzubauen.
Nach der Springstunde traf man sich in der Sattelkammer.
»Ein Reiterstübchen gibt's leider nicht«, teilte Kristina mir mit. »Deshalb treffen wir uns immer dort.«
»Darf ich denn mitkommen?« fragte ich schüchtern.
»Aber klar doch, komm nur!« Kristina selbst schien sich bereits ganz zugehörig zu fühlen.
Sie war überhaupt viel unbekümmerter als ich, eine Eigenschaft, um die ich sie sehr beneidete.

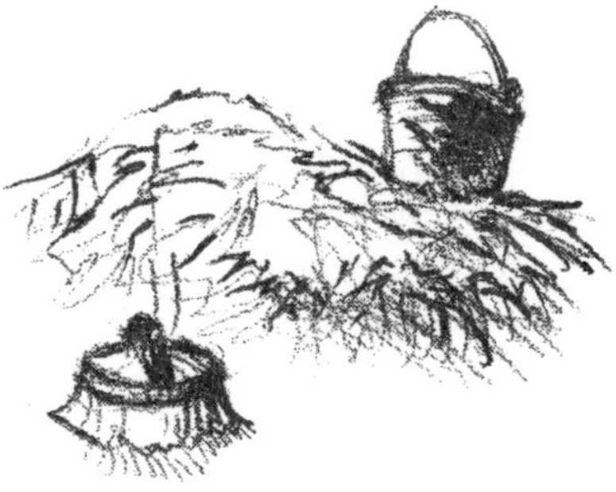

Als wir die Sattelkammer betraten, waren die meisten anderen schon versammelt, zumindest die Jugend. Die grauhaarige Dame und die junge Frau mit dem unauffälligen Braunen waren schon nach Hause gefahren. Wahrscheinlich fühlten sie sich unter uns Jüngeren fehl am Platz. Viele Augenpaare sahen Kristina und mir entgegen.
»Das ist Julia, meine Cousine«, erklärte Kristina. »Julia, setz dich irgendwohin.«
Ich lächelte, sagte »hallo!« und sah mich um. Einige saßen auf Stühlen und Hockern, die meisten aber auf niedrigen Sattelschränken, Kisten und umgedrehten Eimern. Michael und Stefan hockten in einer Ecke auf einem Stapel Pferdedecken und fachsimpelten eifrig über irgendwelche Reiter, von denen ich noch nie gehört hatte.
»Ich sage dir, er hat kein Auge für Distanzen«, ereiferte sich Michael gerade.
»Ich finde ihn überhaupt nicht besonders beeindruckend. Guter Stil, aber nichts dahinter«, meinte Stefan.
Kristina ging zu einem hohen, schmalen Schrank und nahm eine lustige Henkeltasse mit Thelwell-Motiv heraus: einem struppigen Pony, das schnarchend im Stroh lag, während seine kleine Reiterin vergeblich versuchte, es aufzuwecken. »Wir haben alle unsere eigenen Tassen und Gläser hier«, erklärte Kristina. »Du mußt dir auch dein Geschirr selbst mitbringen.«
Irgend jemand hatte für Limonade gesorgt, und Beate reichte eine Schachtel mit Butterkeksen herum.
Kristina und ich quetschten uns in eine freie Ecke, tranken abwechselnd aus Kristinas Tasse und knabberten Kekse. Es war urgemütlich.

Man fragte mich ein bißchen aus, aber nicht allzu gründlich, denn es gab ja wichtigere Themen: Pferde, Reiterlebnisse und der Reitverein.

Die erste Reitstunde

Es war schon recht spät, als Kristina und ich uns schließlich auf den Heimweg machten.
»Wartet, ich komme mit«, verkündete Stefan und erhob sich ebenfalls.
Michael schickte ihm ein anzügliches Grinsen nach. »Der letzte Kavalier«, spottete er. »Na ja, hast recht, wenn du ein Stück mitgehst. Die zwei verlaufen sich am Ende noch.«
»Nur, weil du keinen Orientierungssinn hast, muß das ja nicht für alle gelten«, konterte Monika, die zwar gar nicht angesprochen war, sich aber sofort auf unsere Seite schlug.
»Was soll das heißen?« brauste Michael auf.
»Na, denk mal nach! Wer hat sich denn letztes Jahr auf der Vielseitigkeit im Gelände verritten und wurde schließlich disqualifiziert?«
Alle lachten. Michael machte ein hochmütiges Gesicht und wehrte mit großer Geste ab.
»Ruhe, wenn ich bitten darf! Ich konnte damals bloß die verzweifelten Mienen der Konkurrenz nicht mehr ertragen und habe aus Mitleid meinen sicheren Sieg verschenkt.«
»Ja, so siehst du aus«, brummte Annette. »Na ja, was soll's! Ich muß auch los, meine Radlampe ist kaputt, und ich fahre nicht gern im Dunkeln.«
»Das ist sehr vernünftig«, fand Stefan, »die Polizei wird es dir danken.«
»Also, gehen wir jetzt?« fragte Kristina. »Ich habe nämlich einen Wahnsinnshunger.«

»Ein gutes Stichwort«, lobte Stefan. »Dabei fällt mir ein, daß mein Bruder heute einen Grillabend veranstaltet.«
»Na, hoffentlich ist noch was Leckeres für dich übrig«, meinte Kristina.
»Er hat Wagenladungen voll Fleisch und Wurst eingekauft. Ich glaube also nicht, daß er und seine Freunde schon alles vertilgt haben.«
Wir verließen das Stallgebäude und gingen hinaus in die stille Dämmerung. Da ertönten Schritte hinter uns. Clarissa kam keuchend heran, postierte sich rechts neben Stefan und sah uns der Reihe nach an.
»Ihr könnt mich doch nicht ganz allein hierlassen!« rief sie anklagend.
»Weshalb nicht?« fragte Stefan. »Hast du deinen Kompaß verloren?«
Clarissa schluckte und starrte ihn an. Ihr fiel keine Erwiderung ein.
Kristina versetzte mir einen leichten Rippenstoß, rollte mit den Augen und grinste dabei.
Verwundert sah ich sie an.
Sie schielte auf Clarissa, verdrehte wieder die Augen und lächelte ziemlich albern, was wohl eine Anspielung auf Clarissas verzücktes Lächeln sein sollte.
Stefan, der im nächsten Haus wohnte, verabschiedete sich als erster. Er winkte lässig zu uns herüber und sagte: »Übrigens, falls ihr Lust auf gegrillte Würstchen habt, kommt einfach auf einen Sprung vorbei.«
»Danke, gern!« rief Clarissa und starrte ihn aus himmelblauen Augen begeistert an.
Kristina neben mir platzte laut heraus, und auch ich begann allmählich ihre Andeutungen zu verstehen. Clarissa stand noch eine ganze Weile da und starrte in die Richtung, in der Stefan verschwunden war.
»Kommst du jetzt oder nicht?« fragte Kristina energisch.

Clarissa war hin und her gerissen. »Ob ich nicht gleich mitgehen soll?« Sie überlegte.
»Was denn, so staubig und verschwitzt, wie du bist?« Kristina bemühte sich, ihrer Stimme einen recht empörten Ton zu verleihen.
Clarissa zuckte zusammen. »Ja, du hast recht. Ich muß duschen und mich umziehen.« Hals über Kopf stürzte sie davon, und wir folgten ihr langsam.
»Clarissa!« sagte Kristina leise und grinste dabei. »Ich kenne sie ja kaum. Aber, herrje, sie ist ein richtiges Schaf.«
»Ich habe den Eindruck, daß sie ein bis zwei ihrer babyblauen Augen auf Stefan geworfen hat«, meinte ich.
»Du merkst aber auch alles, Julia! Wenn sie nur nicht so albern wäre!«
»Sie wirkt sehr kindisch«, fand ich.
»Ja, das auch. Ob Stefan wohl weiß, wie sehr Clarissa ihn anhimmelt?«
»Kann schon sein. Aber ich glaube kaum, daß es ihn besonders beeindruckt.«
Inzwischen hatten wir unser Haus erreicht. Durch die Abendluft drang der schrille Gesang von Clarissas Mutter zu uns herüber.
Herkules tanzte aufgeregt auf dem Geländer des Gartenzauns hin und her, spreizte Schwanzfedern und Flügel und kreischte mit Frau Simon um die Wette.
Aus einem Fenster im Erdgeschoß ertönten laute Stimmen und Pistolenschüsse; irgend jemand sah sich wohl im Fernsehen einen Krimi an.
Aus unserer Wohnung kam kein Laut. Weder Mama noch Papa mögen Lärm.
Wahrscheinlich war Papa bei all dem Krach schon einem Nervenzusammenbruch nahe.
»Still und friedlich«, murmelte ich vor mich hin.
»Was sagst du?«

Kristina ließ den aufgeregten Herkules auf ihre Schulter klettern. »Komm her, mein Dicker, wir gehen jetzt hinein.«
»Nichts weiter«, behauptete ich. Von Stefans Haus drangen Gelächter und flotte Musik an unser Ohr. Außerdem wehte der Wind den köstlichen Duft von gebratenen Würstchen zu uns herüber.
»Sollen wir noch zu ihm gehen?« fragte Kristina.
»Ach, ich weiß nicht. Hast du Lust?«
»Eigentlich schon.«
»Ich bin einfach hundemüde.« Gewaltsam unterdrückte ich ein Gähnen.
Nacheinander betraten wir das Haus und sahen uns als erstes einem Überfall der Zwillinge ausgesetzt, die sich schonungslos auf uns stürzten und versuchten, uns mit Gummiband zu fesseln.
Herkules erschrak so sehr, daß er sich mit einem lauten Schrei auf den Fußboden stürzte und dort, laut schimpfend und mit gespreizten Federn, das Weite suchte. Er watschelte in Richtung Wohnzimmer, so schnell es seine riesigen Füße und der unbeholfene Gang zuließen. Wir sahen, wie er sich an der Sofadecke hochhangelte und sich auf den Schoß von Kristinas Mutter begab.
Dann wurden wir durch neue Attacken der wilden Zwillinge abgelenkt.
»Geld oder Leben!« schrien die beiden und fuchtelten drohend mit zwei Spielzeugpistolen vor unseren Nasen herum.
»Wir bitten um Gnade«, erwiderte Kristina und machte den Fehler, die beiden mit »rote Brüder« anzureden.
»Wir sind doch längst keine Indianer mehr!« schnaubte der eine entrüstet. Ich bemühte mich, ihn anhand der Beule zu identifizieren.
»Wir sind Gangster in Chicago!« schrie der andere. Sie starrten uns voller Verachtung an. Ihre Augen blitzten. Kristina schaffte es mit einiger Anstrengung, zwei weiche, verbogene

Streifen Kaugummi aus ihrer Hosentasche zu angeln. »Da, mehr habe ich nicht«, sagte sie.
Die beiden rissen das Kaugummi an sich und schnüffelten.
»Zimt«, sagte der eine.
»Mag ich nicht«, erklärte der andere.
Glücklicherweise kam Ernst-Rüdiger gerade von seinem Waldlauf zurück, und so fanden Max und Moritz ein neues bedauernswertes Opfer.
»Also, wie steht's?« wandte Kristina sich noch einmal an mich. »Gehen wir rüber zur Grillparty?«
Ich schüttelte den Kopf. »Nein, wirklich nicht. Ich bin müde. Außerdem muß ich noch mit meinen Eltern über die Reitstunde reden.«
»Schade. Allein möchte ich nicht gehen. Ich kenne doch fast niemand dort.«
»Doch, Stefan und Clarissa.«
»Clarissa, puh!« machte Kristina. Wir trennten uns.
Langsam ging ich die Treppe hoch. Alles war still. Nur die Hunde kamen mir entgegengestürzt.
Carina wedelte begeistert und kräuselte dabei die Nase. Es sah aus, als lachte sie.
Whiskey sprang an mir hoch, legte beide Vorderpfoten auf meine Schultern und schleckte mir das Gesicht ab. Ich mußte mich rechts und links abstützen, um nicht gleich wieder rückwärts die Treppe hinunterzupurzeln.
»Uff! Du bist wirklich das reinste Kalb. Aus jetzt! Schluß, ihr beiden, laßt mich rein!«
Ich kämpfte mich durch bis ins Wohnzimmer. Dort saß Papa mit griesgrämiger Miene in einer Ecke und ließ sich von Mama ein kaltes Tuch auf die Stirn drücken.
»Was ist denn mit euch los?« fragte ich.
»Schsch!« machte Mama. »Papa hat einen Migräneanfall.«
»Kein Wunder, bei der Luft«, behauptete ich. »Warum habt ihr denn alle Fenster zu?«

»Weil man den Lärm beim besten Willen nicht aushalten kann!« fuhr Papa auf und funkelte mich an. Dann schloß er wieder erschöpft die Augen.
»Papas Zimmer liegt leider in Richtung auf Simons Haus«, erklärte Mama mit rücksichtsvoll gedämpfter Stimme. »Papa hat versucht zu arbeiten, aber dann fing Frau Simon mit ihren Gesangsübungen an.«
»Und unter mir tobten die Zwillinge und führten Indianertänze auf«, fügte Papa matt hinzu.
»Das kann nicht sein«, widersprach ich. »Sie sind keine Indianer mehr. Sie sind jetzt Gangster in Chicago.«
»In Chicago?« fragte Papa hoffnungsvoll.
»Na, wohl eher Klein-Chicago«, gab ich zu. »Klein-Chicago, Drachenhof vier.«
Papa sank in sich zusammen. Er sah bemitleidenswert aus.
»Hört mal, ich muß mit euch reden«, verkündete ich.
»Nicht jetzt, Julia, Papa ist krank«, erinnerte Mama vorwurfsvoll.
»Ich weiß. Aber die Sache eilt. Ich habe mich im Reitverein angemeldet. Ihr müßt nur noch irgendeinen Zettel unterschreiben. Und dann kann ich gleich morgen zur ersten Reitstunde gehen.«
»Fein, was gibt es da noch zu bereden?« Mama tauchte den Lappen erneut in eine Schüssel mit kaltem Wasser und legte ihn Papa wieder auf die Stirn. Papa stöhnte leise.
»Na ja, ich muß an einer Erwachsenenstunde teilnehmen.«
»Das wird dir guttun«, behauptete Papa mit matter Flüsterstimme. »Ich schätze es sehr, wenn du dich mit reifen Menschen umgibst.«
Ich richtete die Augen himmelwärts. Mama machte eine beruhigende Geste.
»Die Stunde findet von acht bis neun Uhr abends statt«, fuhr ich nun fort.
Eine Weile herrschte Schweigen.

Mama überlegte offenbar schon, aber Papa brauchte eine Weile, bevor sein schmerzender Kopf meine Worte erfassen konnte. Dann schreckte er hoch, sah mich streng an und sagte überdeutlich: »Das kommt nicht in Frage.«
»Aber Ernst«, sagte Mama begütigend, »laß uns doch erst einmal überlegen.«
»Niemals!« tönte Papa. »Niemals!«
»Aber Papa! Was macht es schon?«
»Ich will nicht, daß meine Tochter mitten in der Nacht unterwegs ist!« rief Papa. Hinter jedes seiner Worte schien er mindestens drei Ausrufezeichen zu setzen.
»Ach Papa!« versuchte ich nochmals einzuwenden.
»Nichts da! Ach Papa! Was soll das heißen?«
Er sah mich streng an. Ich bemühte mich um eine zerknirschte Miene. Dabei wußte ich, daß es lediglich darum ging, von Mama die Erlaubnis zu bekommen. Papa war überhaupt kein Problem.
»Die Schularbeiten mache ich nachmittags, und nach der Stunde komme ich gleich nach Hause. Es sind ja nur ein paar hundert Meter.«
»Aber nachts! In der Einöde!« regte Papa sich auf. Mama und ich tauschten einen langen Blick.
»Denk lieber an deine Migräne«, erinnerte Mama sanft und diplomatisch.
Papa erstarrte, überlegte sekundenlang und sank dann deutlich geschwächt wieder in die Polster.
»Niemals!« beharrte er schwach und schloß die Augen.
Mama klaubte den nassen Lappen auf und nickte mir beruhigend zu. »Wir versuchen es«, meinte sie. »In den Ferien ist es ja kein Problem.«
»Danke, Mama!« Ich strahlte sie an und schielte dann auf Papa. Von ihm war kein Protest mehr zu hören.
Kurz darauf ertönte eine leises Schnarchen: Er war offenbar von einer Minute auf die andere eingeschlafen.

Am nächsten Tag probierte ich meine alten Reitsachen an. Daß sie mir nicht mehr paßten, überraschte mich nicht, trotzdem war ich enttäuscht.
»Schau nur, Mama«, jammerte ich, »ich bekomme die Reithose nicht mehr zu, und die Stiefel sind viel zu klein. Die Kappe paßt auch nicht mehr.«
»Du bist eben gewachsen«, stellte Mama fest. »Ich fürchte, wir müssen einige neue Sachen für dich kaufen. Hoffentlich sind sie nicht zu teuer.«
Ich erinnerte mich, daß Reitkleidung nicht gerade billig war. Welche Sportausrüstung ist das schon? Mama machte ein bedenkliches Gesicht.
Glücklicherweise konnte Kristina mir mit einer Reithose aushelfen, aus der sie selbst herausgewachsen war. Sie war erdbeerfarben – sehr modern! – und paßte mir wie angegossen. Eine Kappe und Stiefel brauchte ich trotzdem. Kristina sagte, daß ich für den Abend gern ihre Reitkappe ausleihen dürfe. Ihre Stiefel paßten mir nicht, die Schäfte waren zu eng.
»Aber ich kann doch nicht in Turnschuhen reiten«, regte ich mich auf.
»Hast du denn nicht irgendwelche anderen Stiefel?« fragte Kristina.
»Meine Halbstiefel«, erklärte ich nach kurzem Überlegen. »Aber die sind gefüttert; ich werde mich bestimmt zu Tode schwitzen.«
»Das eine Mal wird's schon gehen«, meinte Mama. »Vielleicht können wir nächste Woche einkaufen fahren.«
Halbwegs beruhigt gab ich mich damit zufrieden.
Papa fühlte sich wieder besser und saß in seinem kleinen Arbeitszimmer an der Schreibmaschine.

Frau Simon war zur Arbeit gegangen, und die Zwillinge durchstreiften die nähere Nachbarschaft, ständig auf der Suche nach neuen Opfern, die sie entführen, berauben und erpressen konnten. Einer der beiden behauptete von sich, Al Capone zu sein. Der andere wollte ebenfalls Al Capone sein, obwohl es den nur einmal gab. Kristina hatte als Ersatz Jack the Ripper vorgeschlagen.
»War der auch Gangster in Amerika?« wollten die Zwillinge mißtrauisch wissen.
»Nein, in London«, mußte Kristina zugeben. »Außerdem war er ein gefürchteter Frauenmörder.«
Die Zwillinge steckten die Köpfe zusammen und tuschelten. Dann schüttelten sie einträchtig die Köpfe. Nein, Frauenmörder wollten sie nicht sein. Nur Gangster in Chicago. So zogen sie schließlich los, ohne sich geeinigt zu haben.
Aber zumindest waren sie endlich verschwunden, und alles war ruhig und friedlich. Lediglich Herkules sorgte für etwas Abwechslung, indem er, hoch im Wipfel des Kirschbaums sitzend, elegische Weisen summte.
Die Schreibmaschine klapperte, und Papa war guter Dinge. Mama sang in der Küche. Alles war friedlich.
Bis in der Ferne Kindergeschrei ertönte, das immer lauter wurde, zu einem wahren Orkan anschwoll, und von Hufgetrappel und lautem Wiehern begleitet wurde.
Wir stürzten ans Fenster.
An unserem Haus zog eine ganze Horde Kinder vorbei. Zwei saßen auf unglaublich fetten Ponys, und das Pony, das an der Spitze ging, wurde von einem dicken Mann in kurzen Hosen und mit rotleuchtender Glatze geführt.
»Das müssen die Bleibtreu-Kinder sein«, stellte Mama fest.
»Entsetzlich!« entfuhr es Papa, während er fassungslos auf die schreiende, lachende Gruppe starrte.
Einige der Kinder entdeckten uns und winkten fröhlich zu uns herauf.

Mama und ich winkten zurück, bis Papa das Fenster zuknallte und die Vorhänge vorzog.

»Entsetzlich!« rief er wieder und warf theatralisch die Arme in die Luft.

Dann ging er mit Riesenschritten in sein Zimmer zurück und schlug die Tür zu.

»Künstler sind eben sehr empfindsam«, meinte Mama entschuldigend.

Ich dachte mir mein Teil und kehrte zu meinem Buch zurück. Es war eine spannende Geschichte um ein junges Mädchen und ein Pferd, die das Schicksal mehrmals trennt und wieder zusammenführt.

Die Geschichte spielte im England des neunzehnten Jahrhunderts, und daß ein netter junger Tierarzt eine gewisse Rolle spielte, erhöhte den Reiz der Geschichte.

Ich las fast den ganzen Tag über. Kristina war mit ihrer Mutter zum Frisör gegangen. Tante Patricia brauchte eine neue Dauerwelle, und Kristina wollte sich die ersten Strähnchen ihres Lebens färben lassen. Tante Patricia war der Ansicht, daß ihre Tochter allmählich anfangen müsse, sich mehr zu »pflegen«, wie sie das nannte, und sich in eine junge Dame zu verwandeln.

Kristina verspürte zwar keine Lust, eine Dame zu werden, aber gut aussehen wollte sie.

Als sie am späten Nachmittag zurückkam, stürzte ich gleich auf sie zu, um sie zu bewundern.

Sie hatte sich die blonden Haare noch etwas kürzer schneiden lassen und trug sie raffiniert geföhnt. Die hellblonden Strähnchen standen ihr ausnehmend gut.

»Toll«, urteilte ich, »richtig toll!«

Dann rannte ich nach oben, baute mich vor meinem Spiegel auf, raffte meine langen Haare zusammen und versuchte mir vorzustellen, wie mir eine Kurzhaarfrisur stehen würde. Ich wußte, daß Mama noch irgendwo eine alte Perücke versteckt

hatte – aus der Zeit, als es gerade Mode war, so etwas zu besitzen.
Schließlich fand ich sie total zerzaust und zugestaubt. Sie war mindestens zwanzig Jahre alt.
Ich versuchte, die Perücke etwas abzustauben und zu frisieren, und als sie einigermaßen ordentlich aussah, stülpte ich sie mir über.
»Na, was sagst du?« fragte ich, als ich Mama in der Küche aufgestöbert hatte.
Sie starrte mich an.
»Scheußlich!« sagte sie dann. »Wozu brauchst du das Ding? Hast du Haarausfall?«
»Unsinn!« erwiderte ich beleidigt. »Ich wüßte nur gern, wie ich mit einer schicken Kurzhaarfrisur aussehen würde.«
»Sei nicht albern«, bat Mama nur und wandte sich kopfschüttelnd ab.
Enttäuscht über so viel Unverständnis verließ ich die Küche, riß mir die alberne Perücke vom Kopf und warf sie wieder in die hinterste Ecke von Mamas Kleiderschrank.
Endlich, endlich wurde es Abend.
Schon um halb sieben zog ich die erdbeerfarbene Reithose und eine frischgewaschene weiße Polobluse an und drehte mich eitel vor dem Spiegel.
Die winterlichen Halbstiefel allerdings zerstörten das ansonsten positive Bild.
Ich war ziemlich unglücklich über meine Erscheinung. So sah keine erfahrene Reiterin aus.
Na ja, was sollte es! Wichtig war in erster Linie, daß ich überhaupt wieder reiten durfte.
Kristina hatte versprochen, mich zu begleiten und mir beizustehen. Schon um zwanzig vor sieben platzte ich in ihr Zimmer, um sie abzuholen.
»Was, du bist schon hier?« Sie staunte. »Ich bin noch gar nicht umgezogen.«

»Dann beeile dich«, drängte ich.
Kristina wollte zwar nicht reiten, aber sie hatte auch nicht die Absicht, in ihrer feinen Steghose und der bunten Bluse im Stall aufzukreuzen.
Also zog sie Jeans und T-Shirt an, schnappte sich noch eine Mohrrübe für Cherry Flip, und dann machten wir uns auf den Weg. Ich war so aufgeregt, daß ich kaum ein Wort sprechen konnte.
Als wir den Stall erreichten, war dort kaum ein Mensch zu sehen. Zwei Leute ritten auf den Außenplätzen. Drei weitere Boxen waren leer; die Pferde befanden sich wohl auf einem Ausritt. Der alte Pferdepfleger Justus war gerade dabei, die Futterkiste für die nächste Morgenfütterung aufzufüllen, und Monika kehrte die Stallgasse. Ein paar Kinder streichelten die Pferde, und ein kleiner Junge rannte zwei Stallkatzen nach, die draußen über den Hof stoben.
»Ich bin so nervös«, klagte ich. »Was glaubst du, welches Pferd ich bekomme?«
»Keine Ahnung«, antwortete Kristina und tätschelte Cherry Flips Nase. »Du mußt sie sowieso alle mal ausprobieren. Ist doch egal, mit welchem du anfängst.« So konnte man es natürlich auch sehen.
Monika, die ihre Arbeit beendet hatte, stellte den Besen in eine Ecke und gesellte sich zu uns. »Willst du heute reiten, Julia?« fragte sie mich.
Ich nickte. Vor Aufregung war meine Kehle ganz trocken.
Monika sah mich freundlich an. »Ich werde heute die Stunde geben. Papa ist mit Michael weggefahren, um sich ein Pferd anzusehen.«
»Oh!« entfuhr es mir.
Monika lächelte. »Kein Grund zur Aufregung«, sagte sie tröstend, »ich habe noch keinen gefressen.«
»Aber streng bist du«, warf Kristina lachend ein.
»Findest du?« staunte Monika.

»O ja. Du nimmst die Leute härter ran als dein Vater.«
»Vielleicht, weil ich selten Unterricht gebe, von den Longestunden abgesehen. Ich glaube, dadurch neige ich dazu, mich richtig in eine Sache hineinzubeißen.«
Kristina nickte. Ich war zu nervös, um noch weiter über Monikas Worte nachzudenken.
»Welches Pferd bekomme ich wohl?« fragte ich schon wieder und ließ im Geiste die Schulpferde vor mir aufmarschieren: den temperamentvollen Antares, den mageren Kassim mit seiner Abneigung gegen Dressur, den dicken, faulen Luxor, die elegante, aber nervöse Ma Belle und den alten Tibor, der zwar schon etwas steif, aber vollendet gehorsam war. Monika überlegte. Sie schien zu glauben, ich hätte die Frage direkt an sie gerichtet. Aber bevor sie antworten konnte, wurde ihre Aufmerksamkeit auf ein Pferd gelenkt, das reiterlos und mit schleifenden Zügeln in raschem Trab auf die Stallgasse einbog.
»Moonbeam!« rief Kristina.
Aber Monika regte sich nicht auf.
»Wieder einmal!« Sie seufzte und faßte nach den am Boden hängenden Zügeln der verschwitzten Stute. »Sie kommt öfter allein nach Hause. Dauernd wirft sie Clarissa ab. Hoffentlich ist nichts passiert.«
Moonbeam selbst war naßgeschwitzt und aufgeregt, schien aber ansonsten in Ordnung zu sein. Nun blieb festzustellen, ob Clarissa etwas zugestoßen war.
»Könnt ihr mal draußen nachsehen, ob sie schon irgendwo am Horizont auftaucht?« bat Monika uns. »Ich kümmere mich um das Pferd.«
Wir verließen den Stall und sahen uns in alle Richtungen um, schweigsam zuerst und mit ernsten Gesichtern. Dann hörte ich neben mir ein gurgelndes Geräusch, und als ich zur Seite blickte und Kristinas Blick begegnete, konnte auch ich mir das Lachen kaum mehr verkneifen.

»Diese Clarissa!« stieß Kristina aus. »Oh, Hilfe!« Und dann schüttelten wir uns vor Lachen. »Sie kommt oft erst lange nach ihrem Pferd zurück«, japste Kristina schließlich.
»Auch eine Art auszureiten«, stellte ich fest. Erschöpft wischten wir uns die Lachtränen aus dem Gesicht. Just in diesem Augenblick tauchte Monika im Eingang auf. Als sie uns so dastehen sah, atemlos vor Lachen, fehlten ihr zunächst die Worte. »Ihr seid wohl nicht gescheit!« brachte sie schließlich hervor. »Dazustehen und zu lachen!«
Nun kamen wir uns plötzlich gemein und reichlich albern vor. Verlegen verstummten wir und räusperten uns.
»Sie ist noch nicht zu sehen«, meinte Kristina.
Monika starrte in die Ferne. »Clarissa weiß doch, daß sie nicht allein ausreiten soll«, bemerkte sie verärgert. »Jedesmal wird sie abgeworfen!«
Wieder spürte ich das Verlangen, vor Lachen laut herauszuplatzen. Doch es gelang mir, mich zu beherrschen. Ich wußte, daß ich jetzt auf keinen Fall Kristina anschauen durfte, sonst wäre es um meine Fassung geschehen gewesen.
»Von Anfang an war das so«, schimpfte Monika weiter. »Clarissa hat einen schrecklichen Dickkopf. Leider setzt sie ihn nur für Albernheiten und törichte Ideen ein. Eines Tages wird sie sich den Hals brechen, und das verrückte Pferd bricht sich wahrscheinlich alle Beine.«
»Sollten wir sie nicht suchen?« schlug ich zaghaft vor.
Monika sah mich an und seufzte. »Wir warten noch einige Minuten. Hoffentlich taucht sie bald auf. Ich hasse es, wenn jemand alles durcheinanderbringt.«

Während der nächsten Minuten tauchten zwei Erwachsene auf, die an der Stunde teilnehmen wollten. Dann fuhr ein großer weißer Mercedes vor. Der Mann mit dem Boxer stieg aus und die Frau, der die Rappstute Tänzerin gehörte. Gleichzeitig kehrte ein Reiter von seinem Ausritt zurück.
Monika biß sich auf die Fingerknöchel. »Jetzt müßte sie aber kommen«, meinte sie. »Es sei denn, sie ist am anderen Ende Deutschlands abgeworfen worden.« Sie wandte sich an den soeben zurückgekehrten Reiter. »Herr Menger, ist Ihnen unterwegs Clarissa begegnet?«
»Clarissa? Nein. Weder zu Pferd noch zu Fuß«, erwiderte der Mann scherzhaft.
»Dann müssen wir wohl . . .«
»Aber da kommt sie ja!« rief Kristina.
»Wo denn?«
»Na, da vorne! Sie humpelt zwar, aber nur ein bißchen.«
Wir schauten in die Richtung, in die Kristina deutete. Tatsächlich, dort tauchte zwischen einigen Bäumen Clarissa auf. Ihre karottenroten Haare leuchteten hell in der Abendsonne. Sie humpelte ein wenig und hielt den Kopf gesenkt.
»Gott sei Dank!« Monika war erleichtert.
Wir stürzten auf Clarissa zu, faßten sie rechts und links unter und zogen sie in den Stall.
»Was ist denn passiert?« wollte Kristina wissen. Clarissa schniefte laut. »Moonbeam ist durchgegangen und hat mich an einer Wegbiegung abgeworfen«, erzählte sie kläglich.
»Du weißt doch, daß du nicht ohne Begleitung ausreiten sollst«, erinnerte Monika.
Clarissas Gesichtsausdruck wurde trotzig.
»Moonbeam fehlt übrigens nichts«, fuhr Monika fort. »Und jetzt entschuldige, ich muß die Pferde für die nächste Stunde einteilen.«
Nach kurzem Zögern folgte ich ihr, denn diese Sache betraf ja auch mich. Ich fühlte, wie ich erneut weiche Knie bekam.

Kristina hatte ebenfalls wenig Lust, sich noch weiter um Clarissa zu kümmern. Daher gesellte sie sich zu uns und leistete mir moralische Unterstützung.
Wir waren zu fünft: ein junger Mann mit Vollbart, eine ältere, spindeldürre Frau mit grauem Haar, eine junge Frau mit unglaublich dicken Oberschenkeln und eine unscheinbare Frau, die sehr schüchtern wirkte und immerzu auf den Boden starrte. Und natürlich ich als einzige Jugendliche.
Außer uns Schulreitern wollten noch zwei Privatreiter an der Stunde teilnehmen.
»Geben Sie heute die Stunde, Fräulein Reinhold?« fragte der Mann mit dem Boxer.
»Ja, Herr Lenz.«
»Ach, tatsächlich? Ja dann, soso. Ich hoffe, Sie werden sich Mühe geben.«
»Das werde ich sicher, Herr Lenz.«
Der Mann machte ein skeptisches Gesicht. »Sie wissen ja, daß meine Frau und ich großen Wert auf korrekten Unterricht legen. Außerdem darf Tänzerin keinesfalls überfordert werden. Sie braucht lange Lösungsphasen.
Überdies ist Reiten ohne Bügel sehr anstrengend für meine Frau. Länger als fünf Minuten darf sie keineswegs ohne Bügel reiten. Und Tänzerin liebt keinen Abteilungsgalopp. Sie sollte sowieso möglichst am Anfang gehen.«
An dieser Stelle unterbrach Monika Herrn Lenz, den wir alle aus großen Augen ungläubig ansahen.
Höflich, aber bestimmt sagte sie: »Danke, daß Sie mich daran erinnern, Herr Lenz. Jetzt entschuldigen Sie bitte, ich muß die Pferde verteilen.«
Herr Lenz nickte knapp und entfernte sich, seinen Boxer an der Leine. Ich fand, daß er sich ziemlich viel herausnahm. Manche Leute benehmen sich einfach unmöglich. Dieser Herr Lenz hielt offenbar sich, seine Frau und das Pferd für den Mittelpunkt der Welt.

»Ein gräßlicher Kerl, dieser Lenz«, knurrte der junge Mann mit dem Vollbart.
Monika räusperte sich und sah ihn streng an. »Zur Strafe für diese Bemerkung werden Sie heute Ma Belle reiten.«
Des Gesicht des Vollbärtigen wurde blaß. »Was denn, ich? Ich und Ma Belle?«
»Ganz recht«, sagte Monika liebenswürdig. »Und Sie, Frau von Rosen, versuchen es heute einmal mit Kassim.«
Frau von Rosen war die ältere, spindeldürre Dame. Jetzt warf sie den Kopf in den Nacken und sah Monika aus eisgrauen Augen hochmütig an. »Ihr Herr Vater gibt mir gewöhnlich Tibor zu reiten«, erklärte sie.
Monika lächelte freundlich. »Heute brauche ich Tibor für eine neue Reitschülerin – um ihre Fähigkeiten zu testen.«
Aller Blicke richteten sich auf mich, und ich fühlte, wie ich rot wurde. Der Blick, mit dem Frau von Rosen mich bedachte, drückte weniger Neugier als vielmehr Mißbilligung aus. »Kann man die Fähigkeiten des Kindes nicht auf einem anderen Pferd testen?« fragte sie unwillig.
Meine Knie wurden schon wieder weich. Am liebsten wäre ich im Erdboden versunken.
»Leider nicht, Frau von Rosen«, entgegnete Monika. Ich bewunderte ihre ruhige Freundlichkeit. »Wir nehmen meistens Tibor als Testpferd, und es handelt sich hierbei um eine Anweisung meines Vaters.«
Frau von Rosen schüttelte noch einmal mißbilligend den Kopf und betrachtete mich dabei abschätzend von oben bis unten. »Nun, dann also Kassim heute«, sagte sie knapp und stiefelte davon.
»Auch so ein Besen«, bemerkte der Vollbart respektlos.
Monika wandte sich ihm zu. »Bitte, kümmern Sie sich um Ihr Pferd.«
Auch ich machte mich auf den Weg – zu Tibor. Kristina folgte mir wie ein Schatten.

»Fein, daß du Tibor bekommen hast«, fand sie. »Er ist ein bißchen steif und nicht gerade temperamentvoll, aber einmalig lieb und gehorsam. Gerade das richtige Pferd für die erste Stunde.«
Ich mußte ihr recht geben. Auf der nervösen Ma Belle oder dem temperamentvollen Antares hätte ich mich sicher weniger wohl gefühlt. Natürlich wollte ich alle Pferde einmal ausprobieren. Aber erst, wenn ich mich ein wenig ans Reiten gewöhnt hatte.

Kristina half mir beim Putzen und Satteln, und so war ich schnell fertig und führte Tibor als erstes Pferd in die Halle. Monika lehnte mit einem etwas älteren Mädchen an der Bande; die beiden unterhielten sich angeregt. Als Monika auf mich aufmerksam wurde, rief sie mir zu: »Bitte auf der Mittellinie Aufstellung nehmen!«
Kristina und ich tauschten einen Blick.
»Siehst du, Zucht und Ordnung«, tuschelte Kristina und grinste. »Herr Reinhold läßt uns immer schon aufsitzen und im Schritt herumreiten.«
Nicht so Monika. Ich führte Tibor zum fernen Ende der Halle und richtete ihn akkurat auf der Mittellinie aus. Nacheinander wurden auch die anderen Pferde in die Halle geführt, zuerst Ma Belle, dann Luxor, Kassim und schließlich Antares, den die schüchterne junge Frau zugeteilt bekommen hatte. Die beiden Privatreiter erschienen als letzte.
Nun betrat Monika die Bahn. »Haben Sie Ihre Bügel schon gerichtet und nachgegurtet? Dann bitte aufsitzen.«
Dummerweise mußte ich kichern. Das Kichern entsprang nur meiner Nervosität und war mir sehr peinlich.
Zum Glück hörte Monika mich nicht, nur der junge Mann, der neben mir stand.
»Wie beim Militär, was?« fragte er ungeniert und lachte. Ich grinste und kam mir idiotisch vor.

»Ich weiß nicht«, erwiderte ich, um irgend etwas zu sagen, und fügte naiv hinzu: »Ich war nie beim Militär.«
»Was du nicht sagst!« feixte der Vollbärtige und schwang sich in den Sattel.
Ich tat es ihm nach. Alle anderen saßen bereits im Sattel. Monika ließ uns noch einmal die Gurte überprüfen und mußte Frau von Rosen helfen, die Bügel um ein Loch zu verkürzen.
»Kassims Sattel sagt mir aber gar nicht zu«, verkündete Frau von Rosen.
Monika lächelte entschuldigend, dann ließ sie uns die Zügel aufnehmen.
»Abteilung zu einem rechts brecht ab, marsch!« kommandierte sie. Ich setzte Tibor in Bewegung.
Doch lange blieb ich nicht an der Spitze. Monika ließ die Abteilung sich neu formieren.
Dann mußten wir die Abstände vergrößern und zunächst einige Minuten Schritt am langen Zügel reiten. Tibor unter mir fühlte sich angenehm weich und ruhig an.
Er machte lange Schritte, einen so gleichmäßig wie den anderen, und dehnte sich brav nach vorwärts-abwärts, genau wie es sein sollte.
Allmählich gelang es mir, mich zu entspannen. Verstohlen klopfte ich Tibors braunen Hals. Er wippte kurz mit den Ohren, ging aber ungerührt weiter, immer an der Bande entlang, ohne auch nur den kleinsten Schlenker vom Hufschlag zu machen. Auf ihm würde ich sicher keine unangenehmen Überraschungen erleben.
Mittlerweile hatten sich ein paar Zuschauer eingefunden. Natürlich war auch Kristina darunter. Als ich an ihr vorüberritt, grinste sie mich an und hielt mir beide Fäuste mit eingekniffenen Daumen entgegen.
Ich seufzte leise. Wahrscheinlich würde Monika mich genau ins Auge fassen.
»Sag mal, Julia«, fragte sie, »wie lange reitest du schon?«

Ich hoffte, daß meine Stimme ruhig und beherrscht klang, als ich antwortete: »Ich hatte drei Jahre lang Unterricht, ein bis zweimal die Woche. Das ist aber schon eine Weile her.«
»Und wie lange hast du ausgesetzt?«
Herrje, ihre Stimme tönte durch die ganze Halle. Jetzt starrten mich alle an, und bestimmt spitzte jeder die Ohren.
»Zwei Jahre«, erwiderte ich.
»Na, dann wollen wir mal sehen . . .«
Ja, dachte ich, mal sehen, was noch hängengeblieben ist . . .
Nach einer Weile mußten wir die Zügel aufnehmen und antraben. Leichttraben, hieß es. Tibor setzte sich auf meine Hilfen hin willig in Bewegung. Er beugte sofort vorschriftsmäßig den Nacken, fast zu sehr, wie ich fand, aber Monika sagte zunächst nichts. Ich hatte mir Tibors Trab angenehmer vorgestellt, aber er fühlte sich ziemlich hart an. Sicher war er nicht leicht auszusitzen. Immerhin, Tibor war ein Pferd, auf dem man etwas lernen und sich ganz auf Sitz und Hilfengebung konzentrieren konnte.
Bereits nach wenigen Trabrunden ereignete sich der erste Zwischenfall. Ma Belle, die vor mir ging, erschrak, als sie an der kleinen Gruppe von Zuschauern vorbeitrabte. Eins der Mädchen, die dort standen, hatte sich die Nase geputzt. Sofort warf Ma Belle den Kopf auf und sprang mit mehreren verqueren Sätzen vom Hufschlag in die Bahn. Tänzerin, die zwei Pferde vor uns direkt hinter der Têtenreiterin ging, fing ebenfalls an zu buckeln. Ihre Reiterin konnte sich nicht halten und wurde abgeworfen. Antares preschte im Galopp davon, aber die schüchterne junge Frau wurde gut mit ihm fertig. Kassim tänzelte aufgeregt, woraufhin Frau von Rosen laut »brr!« zu rufen begann.
Ma Belles Reiter, der sich bis dahin noch halten konnte, rutschte jetzt langsam zu Boden, während Ma Belle weiter seitwärts hüpfte. Frau von Rosens schrilles »Brrr!« schien ihr nicht zu gefallen.

»Alles durchparieren zum Halten!« rief Monika laut.
Tibor stand sofort wie ein Fels. Einige andere Reiter hatten mehr Schwierigkeiten. Frau von Rosen kämpfte noch immer mit Kassim. Ihr »Brr!« ging uns allen auf die Nerven, auch Monika, die ihre Gereiztheit aber hinunterschluckte und statt dessen auf Frau Lenz zueilte. Auch Herr Lenz war prompt zur Stelle samt seinem Boxer.
»Vielleicht fangen Sie das Pferd ein, ja?« wandte er sich nicht gerade freundlich an Monika. »Um meine Frau kümmere ich mich schon selbst.«
»Es ist ja nichts passiert«, versicherte Frau Lenz. Zum erstenmal hörte ich sie ein Wort sagen.
»So geht es eben, wenn junge Mädchen Reitlehrerin spielen wollen«, tönte Herr Lenz lautstark und ungerecht durch die ganze Halle.
Sämtliche Stimmen verstummten. Alle sahen jetzt abwartend auf Monika, die kurz innehielt, sich auf die Lippen biß, dann schweigend auf Tänzerin zuging und die muntere Stute beim Zügel faßte.
Nun fehlte nur noch Frau von Rosens Kommentar. »Ich bin auch sehr unzufrieden«, verkündete sie. »Das Pferd ist unmöglich, und in der Stunde herrscht Chaos.«
»Das liegt doch nicht an Monika«, protestierte der junge Mann, der längst wieder auf Ma Belle saß.
»Nein, es liegt vor allem an Ihnen«, versetzte Frau von Rosen scharf, »da Sie offenbar nicht in der Lage sind, Ihr Pferd unter Kontrolle zu halten.«
Der Vollbärtige erwiderte, scheinbar zerknirscht: »Ja, ja, von Ihnen könnte ich noch was lernen.«
Wir unterdrückten ein Lachen. Selbst Monika fiel es schwer, sich das Grinsen zu verbeißen.
Frau von Rosen fuhr zurück, murmelte: »Unverschämtheit!« reihte sich aber wieder an ihrem Platz ein. Endlich konnte die Stunde fortgesetzt werden.

Ich wurde allmählich mit Tibor vertrauter. Er war kein Pferd, das einem große Rätsel aufgab.
Er reagierte willig auf Schenkelhilfen und Paraden. Manchmal machte ich etwas falsch, dann versuchte Tibor, meine etwas verworrenen Hilfen zu entschlüsseln und bot irgendeine Lektion an.
Der nächste Zwischenfall ereignete sich beim Galoppieren. Monika hatte es vorgezogen, uns einzeln galoppieren zu lassen, nicht in der Abteilung.
Diesmal war Kassim der Bösewicht. Wir anderen hatten den Galopp gut hinter uns gebracht.
Ich war mit Tibor sehr zufrieden. Er galoppierte ruhig und gleichmäßig in schöner Versammlung. Auch die einfachen Wechsel gelangen recht ordentlich, was allerdings mehr dem Pferd als mir zu verdanken war.
Jetzt mußten nur noch Kassim und Luxor ihre Aufgabe erledigen. Frau von Rosen setzte Kassim in Galopp. Aber das Pferd, das die Dressur sowieso nicht schätzte und von der Reitweise seiner Reiterin noch weniger angetan war, warf den Kopf auf und bewegte sich seitwärts.
Frau von Rosen, die mit extrem kurzen Zügeln ziemlich weit nach vorn gelehnt im Sattel saß, fing sofort wieder mit ihrem lästigen »Brr!« an.
»Nicht so hart im Zügel!« mahnte Monika. »Gehen Sie doch ein bißchen vor mit der Hand.«
Frau von Rosen beachtete sie nicht. Kassim schlug wild mit dem Kopf und stellte sich quer.
»Frau von Rosen!« rief Monika. »Geben Sie dem Pferd doch eine Chance! Lassen Sie es galoppieren! Vor die Hand, und ran die Beine. Gerade hinsetzen, Kreuz einsetzen.«
Frau von Rosen, die sich offenbar über die Korrektur ärgerte, wandte mit einem Ruck den Kopf und warf Monika einen empörten Blick zu. In diesem Augenblick sprang Kassim auf Antares' Kruppe. Der feuerte prompt aus, traf den Schimmel

aber nicht. Kassim jedoch warf sich erschrocken zur Seite und preschte im Galopp davon. Er drehte wild mehrere Runden mit seiner Reiterin, die, schneeweiß geworden, im Sattel hing. Ihr »Brr!« gellte atemlos durch die Halle.
Wir anderen hatten sofort durchpariert und beobachteten das Schauspiel mit großen Augen.
Als Kassim sich endlich beruhigte und in einen raschen Trab fiel, atmeten wir auf. Es gelang Frau von Rosen, das Pferd durchzuparieren. Dann kippte sie vornüber auf den weißen Pferdehals. Monika stürzte sofort auf sie zu. »Frau von Rosen, sind Sie in Ordnung?« fragte sie besorgt.
Eine Weile lang passierte gar nichts.
Dann richtete sich Frau von Rosen ruckartig auf, sah Monika wütend an und sagte schneidend: »Natürlich bin ich in Ordnung. Aber das Pferd ist unmöglich! Ich werde mich bei Ihrem Herrn Vater beschweren.«
»Vielleicht«, gab Monika nach, »möchten Sie tauschen – für den Rest der Stunde.«
»Allerdings möchte ich das«, erwiderte Frau von Rosen und deutete auf Tibor. »Ich reite Tibor.«
Monika, die die ganze Zeit souverän gewesen war, warf mir einen hilfesuchenden Blick zu.
Ich war zwar nicht gerade begeistert von der Aussicht, heute abend schon nähere Bekanntschaft mit Kassim zu machen, saß aber dennoch widerspruchslos ab und übergab Tibor an Frau von Rosen, die es nicht einmal für nötig hielt, sich zu bedanken.
Mit einem seltsamen Kribbeln in der Magengegend ging ich auf Kassim zu, der ruhig und friedlich dastand wie ein kleines Unschuldslamm. Ich hoffte, daß er sich heute keine weiteren Eskapaden mehr leisten würde, stieg auf und richtete mir die Bügel.
»Er ist schon okay«, raunte Monika mir zu. »Du mußt nur eine weiche Hand haben und viele kleine Paraden geben.

Ungefähr hundert an einer langen Seite. Nie ins Ziehen kommen, verstehst du? Und immerzu Paraden, Paraden . . .«

Paraden, Paraden, dachte ich, als wir uns wieder in Bewegung setzten. Kassim fühlte sich ganz anders an als Tibor. Er war viel schmaler und hatte einen dünnen Hals, den er beharrlich nach unten durchhängen ließ. Seine Schritte waren kurz und eilig, und manchmal schwenkte er unvermutet mit der Hinterhand ins Innere der Bahn.

Ich versuchte, ganz weich in den Zügeln zu sein und ununterbrochen kleine Paraden zu geben. Das war gar nicht so leicht. Wir trabten an und übten verschiedene Hufschlagfiguren. Jetzt geriet ich richtig ins Schwitzen. Monika korrigierte mich ständig, und Kassim war, obwohl er sich keine größeren Mätzchen leistete, alles andere als kooperativ.

Den nächsten Galopp brachten wir mit Anstand hinter uns. Zwar trug Kassim den Kopf sehr hoch, aber wenigstens gelang es mir, ihn geradeaus zu reiten. Wir umrundeten einmal die Bahn, schafften es, eine halbwegs korrekte Zirkellinie zu reiten, und machten im Mittelpunkt unseren ersten einfachen Wechsel. Kassim warf den Kopf auf und stellte sich quer.

»Zu harte Parade!« rief Monika. »Weichere Hand, mehr nach vorne reiten!«

Wir faßten erneut Galopp. Jetzt lief mir der Schweiß in Strömen über den Rücken. Kassim stellte sich kurz quer, galoppierte aber wieder vorwärts, als ich beide Zügelfäuste nach vorn schob und energisch das Kreuz anzog. Der zweite Wechsel gelang etwas besser, obwohl Kassim einige zackelnde Tritte einlegte, bevor er zum Schritt durchparierte. Eine lange Seite Mittelgalopp – Hilfe, fast gelang es mir nicht mehr, das Tempo wieder einzufangen. Aber ich wollte mich nicht mit dem Pferd anlegen, und so dauerte es bedeutend länger als vorgesehen, bis wir wieder im Arbeitstempo galoppierten.

»Durchparieren und anschließen!« befahl Monika.
Erleichtert kehrte ich an meinen Platz zurück. Nun galoppierte nur noch Luxor, und dann baute Monika mit Hilfe eines zweiten Mädchens in Windeseile einen kleinen Oxer auf. Der Sprung war harmlos, knapp siebzig Zentimeter hoch und etwa ebenso breit, aber . . . Ich war seit Ewigkeiten nicht mehr gesprungen. Mein Herz schlug einen Trommelwirbel. Doch Kassim erwies sich als eifrig und verläßlich. Zwar war sein Tempo zu hoch, als er auf das kleine Hindernis zustürmte. Doch man merkte, daß er Spaß am Springen hatte: Mit einem weiten, weichen Sprung trug er mich auf die andere Seite. Frau von Rosen hatte Schwierigkeiten: Tibor verweigerte zweimal, bevor er widerwillig über die Hürde setzte.
Nun war das Ende der Stunde gekommen. Wir mußten wieder auf der Mittellinie Aufstellung nehmen, die Gurte lockern und den Pferden lange Zügel lassen. Dann durften wir noch einige Runden trockenreiten.
Bevor ich später den Stall verließ, gab ich sowohl Tibor als auch Kassim einige Zuckerwürfel. Ich war so müde, daß meine Beine zitterten. Außerdem rechnete ich mit einem schlimmen Muskelkater.
»Na, wie fandst du es?« fragte Kristina gespannt, als wir uns auf den Heimweg machten.
»Anstrengend«, war mein erstes Wort. »Ich bin erledigt.«
Kristina sah mich von der Seite an, und wir mußten lachen.
»Herrlich war's trotzdem«, gab ich zu. »Ich freue mich schon auf die nächste Stunde.«

Ein Nachtgespenst zu Pferd

Am nächsten Tag fand die Dressurstunde statt, an der auch Kristina teilnahm. Natürlich war ich zur Stelle, wenn auch nur als Zuschauerin.
Das Wetter war weiterhin sehr sonnig und sehr warm, aber das Dressurviereck lag bereits größtenteils im Schatten, als die Stunde begann.
Stefan ritt wieder seinen Liebling Antares.
Auch Margit auf Ma Belle und Beate auf Luxor waren zur Stelle. Tibor wurde von einem schlanken, blonden Jungen namens Sven geritten.
Kassim nahm nicht an der Dressurstunde teil.
Frau Lenz war ebenfalls erschienen, wieder in Begleitung ihres Mannes und des Boxers.
Clarissa ritt nicht mit; ihre Stute war für die Dressur noch weniger zu gebrauchen als zum Springen. Dafür sah ich erstmals Monika zu Pferd: Sie ritt Cassandra, eine elegante Braunschimmelstute, ihr eigenes Pferd.
Ich stand mit einigen anderen an der Umzäunung, als die Stunde begann. Trotzdem fühlte ich mich immer noch als Außenseiterin. Ich hörte zwar den Gesprächen der anderen zu, beteiligte mich aber kaum daran.
Nach einer Weile führte Michael einen großen, braunen Wallach aus dem Stall. Es war ein riesenhaftes Pferd, bestimmt fast einsachtzig groß, mit einem mächtigen Hengsthals und wahren Muskelpaketen an Schultern, Kruppe und Schenkeln.
Ein respektvolles Raunen lief durch die Zuschauerreihe.

»Das ist Monteverdi«, erklärte mir Annette.
»Monteverdi?« wiederholte ich fragend.
»Ja, kennst du ihn denn nicht? Das ist Herrn Reinholds Springpferd. Monteverdi hat jede Menge S-Springen gewonnen. Vor zwei Jahren hat Herr Reinhold ihn aus dem Turniersport genommen. Er ist jetzt achtzehn, aber immer noch topfit. Ich durfte ihn einmal trockenreiten«, fügte Annette schwärmerisch hinzu.
Ich konnte mir ein Lachen nicht verkneifen. Annette sah mich an.
»Ja, ja, lach nur«, ereiferte sie sich. »Du kennst Monteverdi nicht. Er ist eine richtige Persönlichkeit und außerdem das beste Pferd weit und breit.«
Wir beobachteten eine Weile, wie Michael den beeindruckenden Braunen abritt, ihn dann auf dem Parcours mächtig vorwärts galoppieren ließ und schließlich mehrere Sprünge machte.
Monteverdi sprang lässig, mit enormer Kraft und Eleganz. Die breite Triplebarre, der Karreeoxer – sicherlich einsfünfzig hoch und ebenso breit. Und dann die rote Mauer: kein Problem.
»Er springt fabelhaft«, lobte ich.
»O ja, er ist eben fabelhaft«, bekräftigte Annette. Dann sah sie mich schräg an. »Du meinst doch das Pferd, oder?« neckte sie mich.
»Natürlich«, erwiderte ich entrüstet.
»Michael ist auch nicht schlecht«, räumte Annette ein.
»Aber Monteverdi ist eben eine Klasse für sich.«
Nun konzentrierten wir uns wieder auf die Dressurstunde. Herr Reinhold verlangte allerhand von seinen Schülern. Am besten gingen Antares, Cassandra und eine zierliche kleine Fuchsstute, die von einer jungen Frau geritten wurde. Auch Tibor machte seine Sache gut, nur fehlte ihm der Schwung und die Ausstrahlung der anderen Pferde.

Cherry Flip tat sich reichlich schwer; sie konnte mit Mühe eine A-Dressur gehen. Auch Tänzerin mußte bei den schwierigeren Lektionen passen.
Als wir später wieder in der Sattelkammer zusammensaßen – diesmal hatte ich meine eigene Tasse mitgebracht und außerdem eine große Flasche Multivitaminsaft spendiert –, kam Monika auf die vergangene Stunde zu sprechen. »Vater möchte so gerne eine zweite Spring- und Dressurstunde einführen«, erzählte sie. »Dann hätten wir eine auf niedrigerem und eine auf höherem Niveau.«
»Das ist eine sehr gute Idee«, fand Stefan. »Einige Pferde üben L- und M-Lektionen, andere schaffen kaum die Klasse A. Beim Springen ist es ähnlich. Es ist schwierig, alle unter einen Hut zu bringen.«
»Prima!« fand Annette. »Dann kann ich mit Kassim an der leichteren Dressur teilnehmen.«
»Mit Kassim?« spottete Michael. »Da wirft Papa dich gleich vom Platz.«
Annette machte ein saures Gesicht und drohte, einen Striegel nach Michael zu werfen.
Michael duckte sich und tat, als hätte er schreckliche Angst. »Annette, die Furie«, sagte er und schnitt eine Grimasse.
»Habt ihr schon gehört, daß Clarissa nächstes Jahr die Turnierplätze unsicher machen will?« warf Margit ein.
»Was denn, Clarissa? Wie kommt sie denn auf die Idee?«
Margit zuckte die Schultern. »Sie möchte erfolgreich sein. Deshalb will sie auch in Zukunft unbedingt an der Dressurstunde teilnehmen.«
Michael ließ sich zur Seite fallen wie ein nasser Sack. »Jetzt verstehe ich. Deshalb will unser Vater die zweite Stunde einführen. Für alle hoffnungslosen Clarissas des Vereins.«
»Jetzt mach aber einen Punkt«, protestierte Kristina und schenkte sich schwungvoll ein zweites Glas Saft ein. »Ich würde mich auch darüber freuen.

Flip kann mit den guten, fortgeschrittenen Pferden einfach nicht mithalten.«
»Dann wären es schon drei«, stellte Michael fest. »Clarissa, Annette und Kristina.«

»Du Biest!« Annette und Kristina stürzten sich wutschnaubend auf Michael, der beim verzweifelten Versuch, sich zu wehren, von seiner Kiste fiel und höchst unsanft auf einem Sack mit Äpfeln landete.
»Geschieht dir recht!« Monika lachte ihn aus. »Warum bist du auch so frech!«
»Frech?« brummte Michael und richtete sich mühsam auf. »Ich versuche hier verzweifelt, gute Unterhaltungsdienste für euch zu leisten.«
»Auf Kosten der anderen«, warf Sven treffend ein.
»Na, wenn schon!« Mit einiger Mühe war es Michael gelungen, seine Knochen zu sortieren und sich wieder auf die Kiste zu ziehen. »Man muß schließlich auch über sich selbst lachen können.«
»Dann fang mal gleich damit an«, empfahlen wir ihm.
»Hoffentlich werden diese zweiten Stunden bald eingeführt«, wünschte sich Kristina auf dem Heimweg.
»Ja, damit wir anderen ungestörter arbeiten können«, kam es von Stefan.
Kristina blieb mit einem Ruck stehen. »Jetzt fängst du auch noch an!« empörte sie sich.
»Ich fände es auch prima«, beeilte ich mich zu sagen, ehe die beiden eine richtige Kabbelei vom Zaun brechen konnten. »Vielleicht habe ich Glück und kann dann auch mal daran teilnehmen. Oder es wird dadurch ein Platz in einer anderen Stunde frei.«

»Hat es dir gestern nicht gefallen?« wollte Stefan wissen.
Ich überlegte kurz. »Doch, natürlich. Ich bin ja froh, überhaupt wieder reiten zu dürfen. Aber irgendwie komme ich mir fehl am Platz vor unter lauter Erwachsenen.«
»Kann ich mir denken«, pflichtete Stefan bei. Aber er sprach in so anzüglichem Ton, daß ich ihn genauer ansah. In seinen Augen glitzerte ein kleines Spotteufelchen.
»Du hast gut lachen«, entrüstete ich mich. »Reite du mal mit Frau von Rosen und Frau Lenz in einer Stunde.«
»Frau Lenz? Die ist harmlos.«
»Aber ihr Mann! Ein aufgeblasener, gräßlicher Kerl.«
»Na, und Frau von Rosen ist vielleicht eine Schreckschraube!« mischte sich Kristina ein.
Stefan, der mittlerweile sein Elternhaus erreicht hatte, blieb stehen und lachte uns an.
»Ich sehe schon, die Gesellschaft von Damen liegt euch nicht«, neckte er uns. »Aber vielleicht gibt sich das noch, wenn ihr selbst welche werdet – was ich allerdings bezweifle«, fügte er hinzu und rettete sich mit einem Sprung übers Gartentor, als wir gemeinsam über ihn herfallen wollten.
»Übrigens«, rief er uns nach, als er seine Haustür schon erreicht hatte, »du siehst sehr interessant aus, Kristina! Wie ein kleines, blondes Streifenhörnchen!«
Damit verschwand er im Haus, und Kristina starrte ihm atemlos vor Überraschung und Empörung nach.
»So eine Unverschämtheit!« rief sie dann und wandte sich mir zu, um mich fassungslos anzusehen. »Hast du das gehört? Streifenhörnchen nennt er mich.«
Ich betrachtete Kristinas hellblonde Strähnchen.
»Mir gefällst du«, tröstete ich.
»Streifenhörnchen!« japste sie wieder. »Das werde ich ihm heimzahlen.«
»Ach, laß doch!« Jetzt mußte ich lachen. Ich hakte Kristina unter und zog sie weiter. »Ich finde Stefan nett.«

»Was der sich bloß einbildet!« schnaubte Kristina noch, aber dann sagte sie: »Zugegeben, er ist ein netter Kerl. Michael ja auch. Die meisten aus dem Reitverein sind nett. – Hörst du? Frau Simon singt mal wieder. Gräßlich ist das. Ich kann kein Wort verstehen.«

Wir blieben stehen und lauschten. Eine schrille Stimme mit gewaltigem Tremolo klang durch die laue Abendluft.

»Das ist Italienisch«, erkannte ich mit einiger Mühe. »Aber Frau Simon ist schwer zu verstehen, ihre Aussprache ist schauderhaft.«

»Was singt sie denn?« wollte Kristina wissen.

Wieder lauschte ich angestrengt. »Eine Arie«, behauptete ich, »aus Tosca.«

Kristina warf mir einen bewundernden Blick zu. »Daß du dich damit auskennst!«

»Tue ich gar nicht«, wehrte ich ab, »ich war nur ein paarmal in der Oper, in Rom.«

»Und bist nicht eingeschlafen?« fragte Kristina.

»Nein, es war ganz unterhaltsam.«

Wir sahen einander an und lachten. Frau Simons Stimme verstummte mit einem heiseren Kickser. Doch kurz darauf fing sie von neuem zu singen an.

»Vissi d'arte«, schrillte sie, »vissi d'amore, non feci mai male ad anima viva . . .«

»Was heißt das?« drängte Kristina.

Ich überlegte und erwiderte: »Sie singt, daß sie nur für die Kunst und die Liebe gelebt und nie jemandem etwas zuleide getan hat.«

»Puh«, stieß Kristina aus, »davon ist kein Wort wahr.«

In diesem Augenblick wurde im ersten Stock des Hauses Drachenhof Nummer vier vehement ein Fenster aufgerissen, und eine mir wohlbekannte Stimme brüllte: »Ruhe, verdammt noch mal, Ruhe! Es gibt auch noch andere Künstler auf der Welt!«

Ernst-Rüdiger, der gerade aus der anderen Richtung naßgeschwitzt vom Waldlauf zurückkehrte, winkte uns zu und rief: »Bißchen nervös, dein Vater, was, Julia? Das kommt vom vielen Denken.«
Papa, der diese Worte trotz Frau Simons Gesang gehört hatte, lehnte sich weit aus dem Fenster und starrte zu uns hinunter. »Blödsinn!« schnaubte er.
»Doch, doch, mein Guter. Mach's wie ich: Sport und frische Luft, dann fühlst du dich wie neugeboren.«
Papa starrte neidisch auf Ernst-Rüdigers Muskeln. »Sport liegt mir nicht. Meine Domäne ist die geistige Arbeit«, behauptete er hoheitsvoll.
»Mens sana in corpore sano«, entgegnete Ernst-Rüdiger, stolz auf seine Bildung. »Das haben die alten Römer gesagt.«
Papa erstarrte. Er konnte es nicht fassen, daß Ernst-Rüdiger es wagte, ihm eine solche Lektion zu erteilen.
Ernst-Rüdiger grinste freundlich und winkte Papa zu, aber Papa war zu keiner Erwiderung fähig. Nachdem er noch einmal laut »Ruhe!« gebrüllt hatte, schlug er das Fenster zu, daß die Scheibe zitterte.
»Armer Papa«, sagte ich, »er hat ein schweres Los.«
Kristina zuckte ergeben die Schultern. »Wer hat das nicht?« fragte sie geheimnisvoll.
Im Haus begrüßte uns Herkules mit einer gepfiffenen Version von »Vissi d'arte«.
Daneben spielten die Zwillinge »Entführung und Hinrichtung einer Opernsängerin in Chicago«.
Es war eindrucksvoll, aber nicht gerade zartfühlend. Gut, daß Frau Simon den beiden nicht leibhaftig in die Hände gefallen war.
Als ich unsere Wohnung betrat, war Papa wieder kurz vor einem Nervenzusammenbruch. »Dabei will ich in den nächsten Tagen mein Manuskript absenden«, regte er sich auf. Und dann erzählte er von Ernst-Rüdiger, der es gewagt hatte,

ihn über die Herkunft des Sprichwortes »Mens sana in corpore sano« zu belehren.
»Ich kann schließlich Latein!« schrie er und rannte dabei wild hin und her.
Carina hatte sich hinter dem Sofa versteckt, aber Whiskey war begeistert, hielt Papas aufgebrachte Runden für ein neues Spiel und schnappte knurrend und schwanzwedelnd immer wieder nach Papas Absätzen.
Mama, die Papas Aufregung nicht ganz verstand, versuchte zu beschwichtigen. »Er wollte dir doch nur klarmachen, daß es gut ist, neben dem Geist auch den Körper nicht zu vernachlässigen«, sagte sie.
»Ich weiß, ich spreche Latein!« rief Papa wütend.
»Ein bißchen«, schränkte Mama ein. »Du kannst es übersetzen, aber nicht sprechen.«
»Vielleicht sollte Rüdiger mal etwas für seinen Geist tun, statt nur immer auf meinem Körper herumzuhacken.«
»Ich finde ihn nett«, warf ich ein.
»Wen?« fragten meine Eltern gleichzeitig.
»Na, Onkel Rüdiger.«
Sie starrten mich an, Papa so, als hätte ich ihn verraten, Mama, als wäre ich nicht zurechnungsfähig. Dabei kamen beide mit Ernst-Rüdiger ganz gut aus. Warum sie sich so aufregten, war mir ein Rätsel.
»Was ist das überhaupt für ein Lärm?« rief Papa schließlich, um das Thema zu wechseln.
»Frau Simon singt.«
»Nein! Ja! Das außerdem. Ich meine unten in der Wohnung.«
»Herkules pfeift, und die Zwillinge spielen.«
»Spielen? Klingt nach Mord und Totschlag.«
Ich grinste. »Genau. Sie haben Frau Simon in ihrer Gewalt.«
Im nächsten Moment mußte Mama Papa am Hemdenzipfel festhalten, damit er nicht nach unten stürzen und sich als drittes Bandenmitglied bewerben konnte . . .

Die folgende Woche verging schnell. Ich bekam Post aus Rom – eine Karte von Bice und einen Brief von Maria, in dem sie mich unter anderem von Massimo grüßen ließ. Ich schnaubte verächtlich durch die Nase; Massimo hatte mich noch nie interessiert.
»Was schreiben sie denn?« fragte Mama, als ich die Küche betrat, in der sie herumhantierte, Seite an Seite mit Frau Schratt. Mama wollte backen, Frau Schratt kochte sich ihr Mittagessen. Allerdings schielte sie dabei öfter auf Mamas Hefeteig, als es Mama lieb war.
»Ach, alles mögliche«, erwiderte ich.
»Schlagen müssen Sie ihn, richtig schlagen«, mischte Frau Schratt sich ein.
Mama gab dem Hefeteig Saures, und ich strolchte weiter durchs Haus.
Plötzlich erschien mir alles langweilig und grau. Manchmal hatte ich eben doch Heimweh nach Rom, Heimweh nach meinen Freundinnen.

Aus Papas Arbeitszimmer klang Maschinengeklapper. Er hatte bereits in Rom an einer Sammlung von Kriminalgeschichten gearbeitet, die er in wenigen Tagen an einen Verlag einschicken wollte. Papa, sonst nicht gerade weltfremd, träumte von einem sofortigen durchschlagenden Erfolg, von Millionen verkaufter Exemplare, von Reichtum und Ruhm. Mama hingegen behauptete, schon zufrieden zu sein, wenn das Manuskript überhaupt angenommen würde.
Schließlich stand meine nächste Reitstunde vor der Tür. Ich war furchtbar gespannt, welches Pferd ich diesmal bekommen würde. Kristina war nicht mit von der Partie. Ihre Eltern hatten eine Einladung zu einer Party, und Kristina war dazu verdonnert worden, die Zwillinge im Auge zu behalten.

Also machte ich mich allein auf den Weg. Ich war ziemlich früh dran, half Justus beim Fegen der Stallgasse und beobachtete dann eine Weile Monika beim Longieren eines jungen Pferdes.
Nacheinander trafen die Teilnehmer der Stunde ein: Frau Lenz mit Mann und Boxer, Frau von Rosen, die eine offensichtlich nagelneue Reithose in Mintgrün und eine dazu passende Seidenbluse trug, der junge Mann mit Vollbart, der, wie ich erfahren hatte, Rudi hieß, und schließlich die beiden jungen Frauen.
Diesmal war Herr Reinhold selbst zur Stelle. Er verteilte die Pferde, sorgte dafür, daß Frau von Rosen ihren Tibor bekam, und teilte mir Kassim zu. Schon wieder Kassim!
Nun ja, ein guter Reiter sollte bekanntlich mit jedem Pferd zurechtkommen. Ich mußte versuchen, das Beste aus der Situation zu machen.
Ich bürstete Kassim kurz ab, sattelte ihn und führte ihn in die Halle. Er sah nicht besonders kooperativ aus. Wahrscheinlich behagte ihm die Reithalle grundsätzlich nicht. Mit einem Seufzer klopfte ich seinen Hals und stellte ihn genau auf die Mittellinie, um dort nachzugurten und aufzusitzen. Ich wußte ja bereits, daß wir bei Herrn Reinhold ruhig schon aufsitzen und im Schritt herumreiten durften.
Rudi, der heute auf Antares saß, gesellte sich an meine Seite.
»Du hast wohl ein Abonnement auf Kassim bekommen«, neckte er mich.
»Es scheint so«, entgegnete ich. Dabei warf ich neidvolle Blicke auf den dunkelbraun glänzenden Antares.
Rudi folgte meinem Blick und grinste. »Ja, Antares ist ein prima Pferd«, meinte er, »aber manchmal ein richtiger Feuerstuhl. Zum Glück war er heute schon zwei Stunden draußen. Bremsen liegt mir nicht, treiben kann ich besser.«
Bremsen, dachte ich und lachte über seine Ausdrucksweise.
Dann begann die Stunde.

Alles verlief ruhig und friedlich, abgesehen davon, daß Ma Belle einige Male ausbrach und wild mit den Augen rollte, weil die wenigen Zuschauer sie wieder einmal störten.
Kassim war am heutigen Abend besonders schwierig. Ich hatte Mühe, ihn zum Geradeausgehen zu bewegen, und im Schritt zackelte er beständig und schlug mit dem Kopf.
»Mach dir nichts draus«, tröstete Monika, als ich nach der Stunde reichlich geknickt im Stall auftauchte. »Kassim ist eben schwierig. Man muß sich erst an ihn gewöhnen. Er ist nicht gerade ein ideales Schulpferd. Aber man kann doch auf ihm lernen, und im Gelände ist er einmalig.«
»Na, wenigstens etwas«, rutschte es mir heraus. Monika lachte nur. »Komm, du kannst mir helfen, Safira und Sirius von der Koppel zu holen.«
Safira war eine elegante Fuchsstute, eine Trakehnerin, und Sirius ihr kleiner, drei Monate alter Sohn. Er strotzte vor Temperament, war aber weder nervös noch hysterisch, sondern bei aller Munterkeit und allem Tatendrang mit Nerven wie Drahtseilen ausgestattet.
Ich folgte also Monika nach draußen. Als sie laut nach Safira rief, hob die hübsche Stute sofort den Kopf. Ihr Fell leuchtete wie Gold, während das von Sirius eher rötlich war.
»Na, kommt schon!« Monika wedelte mit einer dicken Mohrrübe.
Sirius setzte sich als erster mit hochgerecktem Kopf und kurzen, fast passageartigen Tritten in Bewegung.
Safira fiel in ihren raumgreifenden, schwingenden Trab, Sirius galoppierte an, und schon rannten beide auf uns zu, als ginge es um ihr Leben. Safira bremste rechtzeitig ab, aber Sirius hatte so viel Schwung, daß er seiner Mutter in die Flanken hineinrannte.
Die legte die Ohren an, biß ihrem Sohn kräftig ins Hinterteil und nahm dann vorsichtig die Hälfte der Mohrrübe entgegen, die Monika ihr entgegenstreckte.

Sirius war so eifrig, seinen Anteil abzubekommen, daß er Monika beinahe in die Finger biß.
»Du bist vielleicht ein Flegel«, schimpfte Monika. »Kannst du nicht langsam machen?«
Sirius sah sie aus großen Kinderaugen verwundert an. Er kaute mit einiger Mühe und klappte seine langen Ohren zur Seite. Dazu das freche Clownsgesicht mit der schiefen Blesse – er sah drollig aus. Man konnte ihm nicht böse sein.
Monika lachte und nahm Safira beim Halfter. »Du kannst versuchen, Sirius zu führen«, sagte sie zu mir. »Er ist ein Lümmel, aber er sollte sich allmählich daran gewöhnen.«
Ich nahm Sirius nicht direkt beim Halfter; wahrscheinlich hätte er mir so den Arm ausgerenkt. Monika hatte einen Führstrick dabei, den ich ins Halfter klinkte, und dann war ich über dreißig Meter hinweg nur damit beschäftigt, das munter neben mir her tanzende und wild am Strick reißende Fohlen halbwegs unter Kontrolle zu halten. Als wir den Stall erreichten, war ich naßgeschwitzt. »Das war ja anstrengender als die ganze Reitstunde«, japste ich.
Sirius machte einige fröhliche Bocksprünge. Ich war froh, als ich ihn endlich in die geräumige Box verfrachtet hatte.
»Das glaube ich. Wir müssen allmählich mehr mit ihm arbeiten. – Wie wäre es, hast du Lust, auf ein Glas Saft mit ins Haus zu kommen?«
Nach der Erwachsenenstunde fand nie ein gemütliches Treffen in der Sattelkammer statt. Der ganze Stallkomplex war dann schon wie ausgestorben.
Ein einsames Auto parkte noch vor dem Stall, und ein Reiter trainierte mit seinem Pferd auf dem Parcours. Alles war still und friedlich, und die rasch einfallende Dämmerung verstärkte diesen Eindruck noch.
»Ja, gern«, nahm ich Monikas Angebot dankend an. Das große alte Gutshaus hatte ich noch nie zuvor betreten. Auf einem kleinen Sockel rechts vor dem Eingang stand eine leicht

verwitterte Bronzefigur: Sie stellte den heiligen Georg beim Kampf mit dem Drachen dar.
»Daher der Name Drachenhof«, erläuterte Monika und zeigte auf die Figur.
»Ach, daher«, sagte ich erstaunt.
»Ja. Komm herein. Du kannst meine Mutter kennenlernen.«
Wie ich gehört hatte, war Frau Reinhold kränklich und lag die meiste Zeit im Bett. Manchmal machte sie kleine Spaziergänge im Garten hinter dem Haus. Aber ich hatte sie bisher nie gesehen.
»Komm in die Küche, da ist es am gemütlichsten.« Monika schenkte mir ein Glas Saft ein und verschwand, um kurz darauf wieder aufzutauchen.
»Mami ist schon wieder zu Bett gegangen. Ihr geht's nicht so besonders.«
»Tut mir leid.« Was sollte ich anderes sagen? Irgendwie fühlte ich mich unbehaglich. »Und dein Vater?« fragte ich, nur um etwas zu sagen.
»Ach, er sitzt vor dem Fernseher und schaut einen Krimi an. Er liebt Krimis.«
»Mein Vater auch«, erwiderte ich. »Allerdings versucht er, welche zu schreiben.«
»Oh, ist er Schriftsteller?«
»Noch nicht. Er arbeitet daran. Eigentlich ist er Bauingenieur. Aber er hat seine Stellung gekündigt und plant jetzt, uns von Ersparnissen, Lebensversicherungen und Schriftstellerei zu ernähren.«
Monika sah mich mit großen Augen verwundert an. »Und wenn es nicht klappt?«
»Na, wir kommen schon hin«, antwortete ich unbekümmerter, als mir manchmal zumute war. »Papa ist schon ziemlich alt, weißt du? Und bis er seine Rente bekommt, können wir uns schon durchschlagen – auch, wenn's mit der Schreiberei nicht so klappt.«

»Alle Achtung«, meinte Monika, »da gehört aber auch Mut dazu.«
»Findet meine Mutter auch«, entgegnete ich grinsend. Dann trank ich eilig mein Glas leer. Ich hatte festgestellt, daß es schon fast zehn Uhr war. Dabei hatte ich versprochen, immer gleich nach der Stunde nach Hause zu kommen. Hoffentlich regte Papa sich nicht schon auf.
»Ich muß los«, erklärte ich also. »Vielen Dank für den Saft.«
»Warte, ich gehe mit.« Monika sprang auf. »Mal sehen, ob ich den Stall dichtmachen kann.«
Das einsame Auto war verschwunden. Während Monika ihre Kontrollrunde durch den Stall machte, trat ich unschlüssig von einem Bein aufs andere. Als sie endlich wieder auftauchte, verabschiedete ich mich.
Der Weg kam mir länger vor als sonst, vielleicht, weil es so still war. Weder Frau Simons Gesang noch das Lärmen der Zwillinge, nicht einmal Hundegebell oder Pferdewiehern drangen durch die friedliche Stille.
Tiefe Schatten lagen über der Landschaft und über dem Weg. Meine Phantasie trieb wilde Blüten, und ich beschleunigte meine Schritte, während mir immer unheimlicher zumute wurde. Es knisterte, es knackte, immer wieder schaute ich mich um.
Dann wieder Stille. Darauf, ganz von fern, ein merkwürdiges Geräusch.
Am Tag hätte ich es für Pferdeschnauben gehalten. Aber jetzt, in der Nacht, klang es seltsam in meinen Ohren, geisterhaft unwirklich und irgendwie bedrohlich.
»Du bist verrückt«, sagte ich zu mir.
Doch dann tönten weitere seltsame Geräusche. Ein kurzes Bellen, ein merkwürdiges Trompeten, dann wieder Schnauben, das jetzt schon viel näher klang.
Vielleicht war ein Elefant ausgebrochen. Aber Elefanten bellen nicht.

Ich wandte den Kopf in die Richtung, aus der die Geräusche gekommen waren.
Und da sah ich sie, schattenhafte Gestalten, die über eine Wiese auf mich zukamen. Ein großes, zottiges Ungetüm, ein langbeiniges Etwas mit Hängehals wie ein Kamel, auf dessen Rücken eine unförmige Gestalt mit kurzem, kugeligem Oberkörper saß, einen sonderbaren Hut auf dem Kopf.
Ich blieb wie angewurzelt stehen und starrte den drei gespenstisch anmutenden Lebewesen entgegen. Es mußten wohl ein großer, zottiger Hund, ein ausgesprochen häßliches Pferd und ein kleiner, dicker, kurzbeiniger Mann sein. Irdische Erscheinungen, ganz bestimmt.
Aber wie sie so in der Dämmerung auf mich zukamen, hatten sie etwas ganz und gar Unwirkliches an sich, wie ein Spuk, der nicht zu greifen ist.
Wieder trompetete etwas. Mit einiger Anstrengung konnte ich erkennen, daß der gedrungene Mann im Sattel des Kamels sich die Nase schneuzte.
Gespenster haben keinen Schnupfen und sicher auch keine Taschentücher.
Die geisterhafte Stimmung, die mich minutenlang gefangengehalten hatte, begann sich zu verflüchtigen.
Allmählich konnte ich Einzelheiten aus dem graudunklen Schatten hervortreten sehen.
Der Hund hatte große braune und weiße Flecken, das Pferd war ein heller Grauschimmel, und der dicke Mann trug eine weiße Hose und ein dunkelblaues Jackett. Aber dieser Hut – ich starrte ihn fasziniert an.
Nun hatten Pferd, Reiter und Hund mich erreicht. Der Hund blieb stehen und sah mich an, das Pferd stand plötzlich wie eine Statue, den Blick auf mich gerichtet. Auch der Reiter in seinem Sattel schaute mich an, seltsam ausdruckslos, zog dann seinen Hut, machte eine weit ausholende Armbewegung und senkte kurz den Kopf.

»Guten Abend, meine Dame«, grüßte er, setzte mit anmutiger Bewegung seinen Hut wieder auf und ritt in langsamem, wiegendem Schritt an mir vorbei. Alles schien wie in Zeitlupe abzulaufen.
Ich starrte den dreien mit offenem Mund nach. Was für eine merkwürdige kleine Prozession! Wie langsam sie sich bewegten, mit welch seltsamem Pathos!
Das Pferd trug den Kopf hoch und bewegte sich in einschläfernd wiegendem Takt, und der Hund hob jeden Fuß einzeln wie in Trance. Der Mann ließ den Kopf vornübergesenkt auf der Brust ruhen, und sein Oberkörper wiegte ganz leicht im Takt vor und zurück.
Dann verschwanden die drei hinter einer Wegbiegung. Ich klappte meinen Mund wieder zu.
Aber es dauerte noch eine Weile, bevor es mir gelang, mich erneut in Bewegung zu setzen.
»Wie siehst du denn aus?« fragte Mama, als ich unser Wohnzimmer betrat. »Hast du eine Erscheinung gehabt?«
»So ungefähr«, antwortete ich und überlegte, ob ich nicht geträumt hatte.
»Du kommst reichlich spät«, meckerte Papa und holte mich auf diese Weise in die Wirklichkeit zurück.
Doch ich beachtete ihn nicht. »Könnt ihr euch vorstellen, daß mich jemand mit ‚meine Dame' anredet?« fragte ich. Papa lächelte mit milder Ironie.
»Das kommt mir höchst unwahrscheinlich vor.«
Ich seufzte tief.
»Dann hab' ich tatsächlich geträumt.«

Ich reite Ma Belle

Natürlich ließ mir die geisterhafte Erscheinung keine Ruhe. Als wir am nächsten Abend nach der Dressurstunde gemeinsam in der Sattelkammer saßen, fielen mir das häßliche Pferd und sein Reiter wieder ein. Ich erzählte von der seltsamen Begegnung und erntete dafür Gelächter.

»Das war der Admiral!« rief Michael.

»Admiral?« fragte ich verwundert.

»Ja. Sag bloß, den kennst du noch nicht?« Stefan lachte.

»Nein, müßte ich ihn kennen?« Ich war verwirrt.

»Er ist doch unser Nachbar«, warf Kristina ein. »Aus Nummer fünf.«

Ich überlegte. Haus Nummer fünf lag ein ganzes Stück von unserem entfernt.

»Aber dort wohnt doch kein Admiral«, wandte ich ein. »Ich habe gehört, daß das Haus einem ehemaligen Richter gehört. Gesehen habe ich ihn noch nie.«

»Er lebt sehr zurückgezogen«, sagte Monika.

»Ja, weil er einen Klaps hat«, kam es respektlos von Michael.

»Und weshalb nennt ihr ihn Admiral?«

»Hast du seinen Hut nicht gesehen? Dieses komische dreieckige Ding.«

Tatsächlich, jetzt fiel mir der Hut wieder ein. Ich erinnerte mich, wie der kleine gedrungene Mann ihn mit elegantem Schwung vor mir gezogen und mich gegrüßt hatte.

»Stellt euch vor, er hat mich als Dame bezeichnet«, verkündete ich kichernd.

»Da siehst du's, er hat nicht alle Tassen im Schrank«, spottete Michael.

Ich versuchte, seine Bemerkung zu ignorieren. »Und sein Pferd?« fragte ich. »Das steht aber nicht hier im Stall, oder?«

»Nein, der Admiral hält das Pferd in seinem Garten«, erklärte Monika.

»Es ist das häßlichste Pferd auf der Welt«, fand Annette. »Wir nennen es die Fregatte.«
Fregatte! Der Admiral und seine Fregatte! Das war ein passender Name.
»Und wie heißt es richtig?«
»Josefine«, antwortete Beate.
»Und der Hund heißt Napoleon«, fügte Sven hinzu. Napoleon, Josefine und der Admiral – ein merkwürdiges Gespann.
»Weshalb reitet er denn mitten in der Nacht durch die Gegend?« fragte ich. »Ich war fast zu Tode erschrocken.«
»Als hättest du Lützows wilde, verwegene Jagd vor dir?« meinte Stefan grinsend.
»Es war richtig unheimlich, wie eine Geistererscheinung.« Alle lachten, und ich mußte mitlachen.
»Der Admiral tickt eben nicht richtig«, bestätigte Michael noch einmal. »Er reitet nur bei Nacht oder in der Dämmerung. Wahrscheinlich schläft er tagsüber und geht nachts zweideutigen Beschäftigungen nach.«
Monika sah ihren Bruder entrüstet an. »Was meinst du denn mit zweideutig?«
»Na ja, Schwarze Magie oder so etwas.« Michael lachte. »Übrigens«, er wechselte das Thema, »wir haben heute die Zeitpläne für das Turnier im Heidehof bekommen.«
»Oh, wirklich?«
»Zeig her!«
»Darf ich einen haben?«
In der Sattelkammer summte es plötzlich wie in einem Bienenstock. Michael wehrte die vielen Fragen und Bemerkungen mit aufreizender Ruhe ab. »Sie sind im Haus«, sagte er schließlich. »Ich habe keine Lust, sie jetzt zu holen.«
»Mach nur weiter so!« drohte Annette und boxte Michael in die Seite. Der reagierte nur mit einem Grinsen auf die Attacke. »Schon gut, ihr bekommt alle einen – jeder, der mitreitet. Einen habe ich hier, ihr könnt ihn euch mal ansehen.«

Er zog einen weißen Bogen Papier, der mehrmals zusammengefaltet war, aus der Tasche seiner Reithose. Annette riß ihm das Blatt aus der Hand, entfaltete es und war sofort von neugierigen Reitschülern umringt.
Ich warf Kristina einen fragenden Blick zu. »Reitest du auch mit?« wollte ich wissen.
»Um Gottes willen, nein!« Sie schüttelte heftig den Kopf. »Flip und ich sind noch nicht annähernd gut genug. Aber nächstes Jahr sind wir mit von der Partie.«
Wir wurden auf Stefan aufmerksam, der fast als einziger noch auf seinem Hocker saß und den wilden Trubel in Annettes Ecke mit hinuntergezogenen Mundwinkeln und spöttischem Blick verfolgte.
»Und was ist mit dir?« fragte ich neugierig. »Reitest du denn nicht mit?«
»Doch, aber ich habe meinen Zeitplan schon.«
»Extrawurst!« brummte Kristina.
Stefan lächelte sie an und machte ein hochmütiges Gesicht, was Kristina in Rage brachte.
»Wer von euch darf denn alles mitreiten?« fragte ich rasch, um abzulenken.
Die beiden kabbelten einfach zu gern miteinander. Natürlich war es nicht böse gemeint, aber mich interessierte die Frage der Turnierteilnahme wesentlich mehr als irgendwelche kameradschaftlichen Streitereien.
»Nun, der harte Kern, sozusagen«, erwiderte Stefan. »Beim Vereinsturnier im Frühling darf fast jeder, der gut genug ist, irgendeine Prüfung reiten. Aber darüber hinaus gibt Herr Reinhold den besten unter den Schulreitern, das heißt den Teilnehmern an den Spring- und Dressurstunden, auch ab und zu die Gelegenheit, bei einem Turnier in der Nachbarschaft zu starten.«
»Oh, wie spannend!« fand ich.
»Na ja, es macht Spaß«, gab Stefan gelassen zu.

»Halb so überlegen, bitte!« Kristina versetzte ihm einen Rippenstoß. »Ich will auf alle Fälle mitfahren und die Daumen drücken. In welchen Prüfungen startest du?«
»A- und L-Springen und Dressur.«
Wir sahen ihn mit unverhohlener Bewunderung an. Selbst Kristinas Blick drückte respektvolles Staunen aus. Stefan war zweifellos der beste unter allen Schulreitern, auch besser und talentierter als viele der Privatreiter. Er und Antares waren ein gutes und eingespieltes Team.
Ich war fest überzeugt davon, daß sie gute Chancen hatten, sich zu plazieren.
»Wann findet das Turnier statt?« wollte ich wissen.
»Übernächstes Wochenende«, verkündete Monika. »Wie ist es, habt ihr Lust mitzufahren?«
»Ja, gern!« rief Kristina begeistert.
»Seid willkommen, liebe Turniertrottel!« warf Michael ein.
»Bilde dir nur nicht ein, daß wir dir zur Hand gehen werden«, konterte Kristina.
»Ach, du Schreck!« rief Margit und machte ein Gesicht, als habe sie Zahnschmerzen. »Ich kann nächsten Dienstag nicht zur Springstunde kommen.«
»Weshalb denn nicht?«
»Mein Geburtstag«, sagte Margit unglücklich. »Meine Eltern haben unsere Verwandten eingeladen und bestehen darauf, daß ich den ganzen Tag mitfeiere.«
»Es ist eben dein Tag«, meinte Beate.
»Schon! Aber die letzte Springstunde vor dem Turnier – dabei soll ich auf Ma Belle zwei Springen reiten.«
»Na, wenn schon!« Michael zuckte die Schultern. Er sah wieder einmal keinerlei Probleme. »Darauf kommt es doch wirklich nicht an.«
»Sagst du!« erwiderte Margit.
»Es wird schon klappen«, meinte auch Monika tröstend. »Ma Belle ist sowieso unberechenbar. Selbst wenn sie zu

Hause gut geht, kann sie bei einem Turnier völlig von der Fahne gehen.«
»Vielen Dank für deine moralische Unterstützung«, entgegnete Margit bitter.
Während die anderen noch lachten oder ihr zuredeten, schien Stefan bereits eine neue Idee auszubrüten.
Er machte ein verschmitztes Gesicht, schwieg eine ganze Weile gedankenvoll und sah mich dann mit einem merkwürdigen Seitenblick an.
»Wie wäre es«, sagte er auf einmal laut in die lachende, schnatternde Runde hinein, »wenn Julia nächste Woche an der Springstunde teilnehmen würde?«
Ich schnappte vor Schreck nach Luft.
»Wie meinst du das?« fragte Monika.
»Aber ja, verstehst du nicht?« Michael feixte. »Wenn Margit ausfällt, haben wir ein Pferd frei.«
»O Julia, super!« Kristina freute sich.
»Moment mal«, protestierte ich schwach, aber keiner hörte auf mich.
»Ja, Julia, hast du Lust?« Monika lachte mich an. »Papa ist bestimmt einverstanden.«
»Nun wartet doch mal«, wandte Annette ein, »vielleicht kann sie ja gar nicht springen.«
Schlagartig verstummten alle und sahen mich an. Ich fühlte, wie ich rot wurde.
»Na, wie sieht's aus?« fragte Michael drängend.
»Ich weiß nicht recht«, erwiderte ich zögernd. »Lust hätte ich schon, aber . . .«
»Kannst du springen?«
Wieder zögerte ich. »Nur ein bißchen«, gab ich zu.
»So gut wie Clarissa wirst du doch wohl sein?« Kristina sah mich herausfordernd an.
»Eine zweite Clarissa wollen wir uns eigentlich nicht aufladen«, erklärte Michael. »Aber wenn du schon mal gesprun-

gen bist und dir die Stunde zutraust – dann sei rechtzeitig in Reitsachen zur Stelle.«
»Du bist ja verrückt!« schimpfte ich später, als wir uns auf dem Heimweg befanden, und funkelte Stefan drohend an. »Da hast du mich in eine schöne Lage gebracht.«
Stefan warf mir einen verständnislosen Blick zu. »Was meinst du denn? Ich dachte, du würdest dich freuen, eine Springstunde mitreiten zu dürfen.«
»Das tue ich ja auch«, brummte ich. »Wie kann ich jetzt noch nein sagen?«
»Du hast doch keine Angst, oder?« wollte Kristina wissen.
Ihre Frage verbesserte meine Laune nicht gerade. »Ihr habt leicht reden«, zeterte ich. »Woher soll ich wissen, wie ich zurechtkomme? Ich bin seit Jahren nicht gesprungen.«
»Ma Belle springt zu Hause sehr gut«, versicherte Stefan.
Ich blieb schlagartig stehen und starrte ihn an. Daran hatte ich bisher noch gar nicht gedacht: Ich würde Ma Belle reiten müssen! Alle anderen würden natürlich die Pferde reiten, mit denen sie beim Turnier antreten sollten, ihre Lieblingspferde. Für mich blieb Ma Belle.
»Was hast du denn?« Kristina wunderte sich. »Du bist so blaß geworden.«
»Das macht das Licht«, behauptete ich.
Wir hatten mittlerweile Stefans Haus erreicht. Stefan sprang mit einem Satz übers Gartentor und grinste zum Abschied noch einmal zu uns herüber.
»Macht's gut, ihr beiden! Du kannst ja im Traum schon einmal das Springen üben, Julia.«
Im Traum! Im Alptraum vielleicht. Ich sah Stefan verärgert nach, wie er fröhlich pfeifend den Garten durchquerte. Dabei bemerkte ich, wie Kristina mich beobachtete. Wir blickten einander an, und dann brach Kristina plötzlich in lautes Gelächter aus.
»Freu dich doch!« sagte sie aufmunternd.

»Tu' ich ja«, knurrte ich und mußte dann wider Willen ebenfalls lachen.
Eines war jetzt wichtig: Ich mußte endlich anständige Reitstiefel bekommen. Zur Springstunde konnte ich nicht in meinen gefütterten Halbstiefeln erscheinen.
Bisher hatte Papa jedoch immer abweisend gebrummt, wenn ich die Sprache auf meine Reitausrüstung gebracht hatte. »Wir müssen auf das Geld von der Lebensversicherung warten«, hatte er mich vertröstet.
Die Lebensversicherung wurde aber erst im Herbst fällig. So lange konnte ich nicht warten. Außerdem hatten wir doch Ersparnisse. Aber Papa hütete seine Bankkonten wie dazumal Zwerg Alberich den Nibelungenhort.
»Du mußt ihn überreden«, drängte ich Mama noch am selben Abend. »Ich brauche die Stiefel wirklich.«
Mama sah das ein. Sie versprach, mir etwas von ihrem Haushaltsgeld zu geben und den Betrag anschließend von Papa einzutreiben. Mama kann mit Papa am besten umgehen.
So kam es, daß ich gleich am nächsten Morgen mit Kristina zusammen in die Stadt fahren und einige wichtige Dinge einkaufen konnte. Es war ein schwüler Sommertag mit graublauem Himmel. Die Luft schien zu stehen. Das machte das Atmen schwer. Sicher würde es bald ein Gewitter geben. Dennoch waren wir guter Dinge. Wir liefen den langen, gewundenen Weg zur Landstraße entlang. Dort, wo der Weg die Straße erreichte, war speziell für uns Drachenhöfler eine Bushaltestelle eingerichtet. Allerdings hatten wir den Fahrplan noch nicht im Kopf. So kam es, daß wir vierzig Minuten auf den nächsten Bus warten mußten. Da wir keine Lust hatten, noch einmal zurückzugehen, setzten wir uns auf die kleine Bank an der Haltestelle und unterhielten uns über Pferde. Endlich tauchte der Bus auf. Wir bezahlten, fuhren ins nächste Dorf und stiegen dort in einen anderen Bus, der uns in die Stadt bringen sollte.

»Ist das umständlich!« stellte Kristina fest.
»Das ist der Preis, den man zahlen muß, wenn man so einmalig schön wohnt wie wir.«
»Ja. Aber überleg mal – wenn die Schule wieder anfängt: jeden Tag zweimal dieses Theater.«
Wir seufzten und bemitleideten uns selbst.
Aber kaum hatten wir die Stadt erreicht, waren die trüben Gedanken wie weggeblasen.
Wir stiegen aus und machten uns auf den Weg zu dem Reitsportgeschäft, das Kristina bereits kannte. Ich war aufgeregt und freute mich auf das Einkaufen.
Der Himmel war mittlerweile noch grauer geworden, und von der Sonne war kaum mehr etwas zu sehen. Unsere Jeans und T-Shirts klebten uns am Körper, und meine langen Haare, die ich im Nacken zu einem Pferdeschwanz zusammengebunden hatte, klebten mir unangenehm im Genick.
Im Reitsportgeschäft kam uns ein freundliches junges Mädchen entgegen. Ich hätte mich gern noch etwas umgesehen, die vielen Sättel, Trensen und Halfter betrachtet, die große Auswahl an Reithosen, Reitjacken, Kappen, Zylindern und Gerten. Mehrere Regale waren mit Putzzeug angefüllt, andere mit Gamaschen, Bandagen, Satteldecken und Sattelgurten. In einer Ecke stapelten sich Pferdedecken in Blau, Rot, Grün mit verschiedenen Farben eingefaßt.
An einer schmalen, hohen Holzwand hingen Gebisse von unterschiedlicher Art und Dicke: Olivenkopftrensen, doppelt gebrochene Ausbildungsgebisse, dicke Wasserkopftrensen, dünne Unterlegtrensen, Fahrgebisse und Kandarengebisse. Daneben befanden sich zahlreiche Töpfchen und Eimer mit Vitaminfutter, Leckerlis, Hustenkräutermischung, außerdem Huffett, Hufteer, Pferdeshampoo, Fliegenspray und ähnliche Dinge. Ich konnte mich vom Anblick all dieser Sachen erst losreißen, als Kristina mir auf altbewährte Art einen freundschaftlichen Rippenstoß verpaßte.

»Ach ja, ich – ich möchte Reitstiefel, bitte«, stotterte ich und versuchte, mich auf das Wesentliche zu konzentrieren.
»Gummi oder Leder?« fragte das junge Mädchen freundlich.
»Gummi«, antwortete ich verschämt. Aber bald würde ich meine ersten Lederstiefel bekommen, Mama hatte es mir versprochen. Ich freute mich schon jetzt darauf.
»Welche Schuhgröße hast du?«
»Achtunddreißig.«
Während das Mädchen in den Nebenraum ging, beobachtete ich zwei junge Leute, die mehrere Sättel mit Nase und Fingern prüften.
Ein Mann in mittleren Jahren, wohl der Besitzer des Geschäfts, gab unentwegt Erklärungen dazu ab.
Sehnsüchtig schielte ich auf den Sattel, den die beiden gerade einer eingehenden Prüfung unterzogen. Es war ein dunkelbrauner Vielseitigkeitssattel, in dem man bestimmt herrlich sitzen konnte.
Wenig später kam die junge Verkäuferin mit einem Paar Stiefel zurück. Sie paßten ganz gut, nur wären mir längere Schäfte lieber gewesen.
»Bei Lederstiefeln gibt es eine viel größere Auswahl«, erklärte mir das Mädchen. »Gummistiefel gibt es leider nicht in allen möglichen Weiten und Schaftlängen.«
»Dann muß ich eben diese hier nehmen«, stellte ich mit Bedauern fest.
Aber immerhin sind es richtige Reitstiefel, sagte ich mir dann. Ich darf in einem tollen Verein reiten und nächste Woche sogar an der Springstunde teilnehmen. Schließlich konnte man nicht alles auf einmal haben.
Ich suchte noch eine neue Reitgerte, etwas Putzzeug und ein paar Reithandschuhe aus schwarzem Stoff mit Noppen auf der Innenseite heraus.
Als ich alles bezahlt hatte, reichte mein Geld sogar noch für einen Beutel mit Pferdewürfeln.

»Und jetzt lade ich dich zu einer Eisschokolade ein«, bestimmte Kristina.
Wir waren guter Dinge, als wir das Geschäft verließen. Draußen fielen gerade die ersten Regentropfen. Doch wir erreichten das nächste Eiscafé, bevor es richtig zu regnen anfing. Dann saßen wir an einem kleinen Tisch und blickten nach draußen, wo sich ein heftiges Gewitter austobte. Wir sogen an unseren Strohhalmen, lauschten dem Donnergrollen und dem Trommeln der Regentropfen und freuten uns, daß wir im Trockenen saßen und es so gemütlich hatten.
Als der Regen nachließ, machten wir uns auf den Nachhauseweg. Erst, nachdem wir die Bushaltestelle erreicht hatten, fiel mir ein, was ich vergessen hatte: eine Reitkappe.
»Die brauchst du unbedingt«, behauptete Kristina. »Da wir beide in derselben Stunde reiten, kann ich dir meine ja leider nicht leihen.«
»Aber ich habe kein Geld mehr«, stellte ich fest.
»Ich habe noch etwas«, versicherte Kristina. »Mami gibt mir immer genug mit. Vati behauptet, daß sie furchtbar leichtsinnig mit dem Geld umgeht. Na, heute können wir uns jedenfalls darüber freuen.«
Eine halbe Stunde später war ich im Besitz einer Reitkappe. Ich fand zwar, daß sie schrecklich aussah mit ihrem breiten, plumpen Kinnschutz. Aber ohne Kappe durfte ich an keiner Stunde teilnehmen. Die Eitelkeit mußte eben hintanstehen, wenn es um die Sicherheit ging.

Die nächsten Tage vergingen quälend langsam. Einmal begleitete ich Kristina auf dem Fahrrad bei einem ihrer Ausritte. Das war eine anstrengende Sache. Kristina ließ mich sogar ein ganzes Stück reiten. Aber sie kam mit dem Rad im Wald nicht gut zurecht, fuhr dauernd in irgendwelche Löcher und hoppelte über Wurzeln. Nachdem sie mehrmals hingeschlagen war, bat sie mich, wieder zu tauschen.

»Ich hasse Radfahren«, erklärte sie. »Schon als kleines Kind habe ich es gehaßt.«
Auch ich war froh, als wir den Stall wieder erreichten.
Endlich kam der Dienstag, der Tag, den ich herbeisehnte und gleichzeitig fürchtete.
Am Abend zog ich die Reithose an, dazu ein frisches Polohemd und meine neuen Stiefel. Ich packte Kappe und Gerte zusammen mit meinem neuen Putzzeug und einigen Mohrrüben aus Mamas Küche in eine Tüte.
»Julia, kommst du?« rief Kristina durchs Treppenhaus.
»Ja, sofort!« Ich beeilte mich, schlug meine Zimmertür zu und schlitterte in die Küche. »Mama, ich fahre jetzt.«
Mama war gerade mit den Vorbereitungen fürs Abendbrot beschäftigt. »Einen Augenblick«, sagte sie, »ich brauche noch deine Hilfe.«
»Was gibt's denn?« Ungeduldig trat ich von einem Fuß auf den anderen.
»Hier, kannst du mir diese beiden Gläser aufschrauben? Die Deckel sitzen so fest.«
»Wozu haben wir eigentlich einen Mann im Haus?« brummte ich und schielte in die Richtung von Papas Arbeitszimmer. Mit Mühe gelang es mir, den Deckel des Gurkenglases aufzuschrauben. Nun waren die roten Rüben an der Reihe.
»Julia!« schrie Kristina durchs Treppenhaus.
»Ich komme!«
Endlich gab der Deckel nach. Hastig schob ich Mama das Glas entgegen, schnappte mir noch eine saure Gurke und rannte aus der Küche.
»Brauchst du die Tüte nicht?« Mamas Stimme rief mich noch einmal zurück.
Ich griff nach meiner Tüte und raste die Treppe hinunter.
Carina rannte mir schwanzwedelnd nach, und Whiskey schnappte knurrend nach meinen Absätzen. Beide hofften auf einen Spaziergang.

»Ich kann euch nicht mitnehmen«, sagte ich.
Carina setzte sich und legte den Kopf schief. Ihre großen dunklen Augen sahen mich flehend an. Whiskey legte die Stirn in tiefe Falten und ließ den Schwanz hängen. Beide verstanden meinen Tonfall nur zu genau.
»Nun komm doch«, drängte Julia. »Flip war auf der Koppel. Wahrscheinlich sieht sie aus wie ein Ferkel, und ich muß sie stundenlang putzen.«
»Tschüs, ihr beiden!« Ich wollte die Hunde noch einmal streicheln. Aber da waren sie bereits auf Caracalla aufmerksam geworden, der seinen Stammplatz am Küchenfenster verlassen hatte, um auf dem Katzenklo ein kleines Geschäft zu erledigen. Er kam langsam um die Ecke und starrte auf den Gang hinaus. Wie ein dicker Rollmops sah er aus. Als er Carina und Whiskey bemerkte, machte er einen Buckel, fauchte und ergriff die Flucht. Ich konnte Carina gerade noch beim Halsband packen, und Kristina warf sich auf Whiskey. So konnten wir verhindern, daß die beiden laut bellend und mit wütendem Knurren die Jagd aufnahmen.
»Caracalla, Liebling, was hast du denn?« hörten wir Tante Patricias besorgte Stimme.
»Schnell, wir bringen sie hoch«, zischte Kristina. Mit vereinten Kräften gelang es uns, die noch immer knurrenden und sich wild sträubenden Hunde die Treppe hinauf in unsere Wohnung zu zerren.
»Jetzt aber los!«
Gemeinsam donnerten wir wieder die Treppe hinunter und stießen prompt auf die Zwillinge.
»Haben sie ihn gefressen?« fragte der eine.
»Wer soll wen gefressen haben?«
»Na, deine Hunde unseren Kater.« Sie machten hoffnungsvolle Gesichter und waren enttäuscht, als ich verneinte.
»Nicht mal das schaffen sie«, sagte der, bei dem noch der Schatten seiner Beule sichtbar war.

»Ein schwaches Bild«, maulte der andere. Dann knuffte er seinen Bruder und schrie: »Los, wir holen Trix und Trax und spielen Zirkus!« Die zwei wetzten davon, und Kristina zog energisch an meinem Arm.
Im Dauerlauf machten wir uns auf den Weg zum Stall. Kristina hatte eine recht gute Kondition, aber mir ging auf halbem Weg die Puste aus. Ich verlangsamte meine Schritte.
»Los doch!« Kristina drehte sich nur kurz um.
Ich zeigte ihr einen Vogel. Meine rechte Seite tat weh, und ich hechelte wie ein Marathonläufer kurz vor dem Ziel. Kristina winkte ab und rannte kopfschüttelnd weiter.
Als ich schließlich den Stall erreichte, hatte sie bereits begonnen, Cherry Flip zu putzen. Ich war immer noch ein wenig aus der Puste, und so klang meine Stimme ziemlich wacklig, als ich »hallo allerseits!« in die Runde rief.
»Hört nur, Julia ist jetzt schon ganz fertig«, hänselte mich Michael, der gerade seinem Perseus die Hufe auskratzte.
Annette grinste, und Clarissa warf mir neugierige Blicke zu.
»Ihr Biester!« schnaubte ich.
Stefan streckte seinen Kopf aus Antares' Box. »Falls du Nervenflattern hast – ich habe extra für dich Baldrian mitgebracht«, verkündete er.
»Und in der Sattelkammer hängt außerdem das Erste-Hilfe-Schränkchen für Roß und Reiter«, fügte Michael hinzu.
Ich warf mörderische Blicke in die Runde und ging dann zu Monika, die nicht an den allgemeinen Spötteleien teilnahm.
»Was hat dein Vater gesagt? Ist er einverstanden?« fragte ich gespannt.
»Ja, Papa hat gesagt, es sei in Ordnung.« Monika nickte mir freundlich zu. »Du kannst Ma Belle gleich putzen. Dann bauen wir draußen einige Hindernisse auf.«
Mit zitternden Knien ging ich zu Ma Belle. Die Stute legte die Ohren an, als ich ihre Boxentür öffnete, und blickte mich mürrisch an.

»Nur brav, mein Mädchen! Schönes Pferd!« sprach ich beruhigend auf sie ein. Mit einer gewissen Herablassung nahm sie die Mohrrübe entgegen, die ich ihr anbot.
Meine Hände zitterten ebenso wie meine Knie, als ich anfing, Ma Belle mit langen Strichen zu bürsten. Die Stute war heute schon gründlich geputzt worden, denn sie war am Nachmittag zwei Stunden im Schulbetrieb gegangen. Ihr braunes Fell war glatt und fein und schimmerte wie Seide.
»So siehst du hübsch aus«, lobte ich, als ich nach einigen Minuten meine Arbeit beendet hatte. Ich gab Ma Belle einen freundlichen Klaps. Sie schielte mich argwöhnisch an und drehte mir das Hinterteil zu.
Mit einem Seufzer trat ich auf die Stallgasse. Besonders entgegenkommend war diese Stute wirklich nicht.
Auf der Stallgasse traf ich Beate, die eben erst angekommen war. »Na, wie fühlst du dich?« fragte sie augenzwinkernd. Ich antwortete mit einer abwehrenden Handbewegung. »Frag bitte nicht!«
Beate lachte, und ich beeilte mich, nach draußen zu kommen. Dabei merkte ich, daß Clarissa mir folgte.
Nach einigen Metern hatte sie mich eingeholt. Sie warf mir einen neugierigen Blick zu, holte einige Male tief Luft und fragte dann: »Was hast du denn? Was ist los?«
»Nichts Besonderes«, behauptete ich.
Clarissa schwieg, machte ein muffiges Gesicht und brummte: »Du mußt mir ja nichts erzählen.« Dann erkundigte sie sich: »Wieso reitest du eigentlich Ma Belle?«
»Margit hat heute Geburtstag und kann nicht kommen.«
»Na gut. Aber wieso darfst du Ma Belle reiten?«
Ich verstand nicht, worauf sie hinauswollte. »Ja, warum denn eigentlich nicht?« fragte ich verwirrt. »Es ist doch nur heute, ausnahmsweise.«
Clarissa sah mich aus babyblauen Augen überheblich an. »Kannst du überhaupt springen?« platzte sie dann heraus.

Das war es also! Seltsam, worüber sie sich den Kopf zerbrach. Schließlich war das nicht ihr Problem.
»Anfänger verderben nämlich immer die ganze Stunde«, fügte sie hinzu.
Ich schnappte nach Luft. Das war deutlich! Bevor ich eine passende Erwiderung gefunden hatte, hörte ich eine Stimme in unserem Rücken sagen: »Ja, ja, Clarissa, du hast vollkommen recht. Das sagen wir auch immer wieder.«
Hinter uns stand Annette. Ihre Augen blitzten spöttisch. Sie hatte mit gespieltem Ernst gesprochen, und so bemerkte Clarissa nicht einmal, daß sich die Bemerkung auf ihre Springkünste bezog. Clarissa bildete sich ein, von Annette unerwartete Unterstützung zu bekommen.
»Wo bleibt ihr denn?« brüllte Michael zu uns herüber. »Typisch Mädchen! Langsam wie die Schnecken, nur mit dem Mundwerk seid ihr immer flott!«
Annette sah aus, als wollte sie ihm etwas an den Kopf werfen. Ausnahmsweise fiel ihr keine passende Bemerkung ein. Clarissa meckerte leise vor sich hin, aber sie wagte nicht, laut zu protestieren.
Nach Michaels Anweisungen bauten wir einige Hindernisse auf. Als wir gerade fertig waren, erschien auch Herr Reinhold. »Ihr wißt ja alle Bescheid«, sagte er, »sattelt eure Pferde, und kommt heraus.«
Als ich mich auf den Weg machen wollte, rief er mich noch einmal zurück. »Julia!«
»Ja, Herr Reinhold?« Ich war nervös. Was hatte er mir wohl zu sagen?
»Du reitest Ma Belle, das weißt du ja.«
»Ja, ich habe sie schon geputzt.«
»Gut. Wirst du zurechtkommen? Ich meine, du bist doch schon gesprungen?«
»Ja, schon«, erwiderte ich zögernd, »aber das ist eine ganze Weile her.«

Herr Reinhold betrachtete mich prüfend. Plötzlich erschien auf seinem Gesicht ein Grinsen. Er nickte einige Male, ohne ein Wort zu sagen. Dann drehte er sich um und stiefelte mit großen Schritten davon.
Ich blieb leicht verunsichert zurück. Mir blieb keine Zeit mehr, Herrn Reinholds Grinsen zu enträtseln.
Ich mußte mich beeilen. Alle anderen hatten schon mit dem Satteln begonnen. Also stürzte ich zurück in den Stall, suchte mir in der Sattelkammer Ma Belles Sattel und Trense heraus und begann, die Stute fertigzumachen. Ma Belle gab sich genauso mürrisch wie vorher beim Putzen. Sie stellte sich in eine Ecke und warf mir mißmutige Blicke zu.
»Hier, du hast die Gamaschen vergessen.« Michael warf mir grinsend schwarze Streichgamaschen vor die Boxentür.
Er lacht genau wie sein Vater, dachte ich. Ich glaube, die machen sich alle beide über mich lustig.
»Na, was ist? Einem Pferd Gamaschen anlegen, das kannst du doch, oder?« Michael feixte.
Ich hätte ihm gern den Striegel an den Kopf geworfen. Aber das wagte ich nicht. Schließlich war ich immer noch ein Neuling hier im Stall.
»Ja, ja, kann ich«, brummte ich nur und machte mich erneut an die Arbeit.
Als ich Ma Belle nach draußen führte, fing es gerade wieder an zu regnen.
Im Regen springen! Ich konnte mir etwas Schöneres vorstellen. Doch wenigstens war es warm und windstill.
Ma Belle schnaubte ablehnend, als die ersten Tropfen auf sie fielen. Sie fing an zu tänzeln und warf den Kopf auf.
»Ruhig, Mädchen, ruhig!« sprach ich auf sie ein. Sie reagierte nicht, sah mich nicht einmal an. Meine Knie begannen erneut zu zittern. Worauf hatte ich mich nur eingelassen!
Meine erste richtige Springstunde, das erste richtige Springen seit Jahren, und ich mußte Ma Belle reiten, ausgerechnet

das Schulpferd, vor dem ich den meisten Respekt hatte. Jedes andere Pferd wäre mir beim Springen lieber gewesen.
Hinter mir keuchte Clarissa aus dem Stall. Moonbeam zerrte wie wild am Zügel und schleppte ihre Besitzerin regelrecht ins Freie. Monika winkte uns zu. »Beeilt euch! Kommt dann zu mir!«
Es gab kein Entrinnen mehr. Ich atmete tief durch, gurtete dann nach, was Ma Belle mit einem Winken der linken Hinterhand beantwortete, und zog die Bügel herunter. Ich prüfte kurz deren Länge und schwang mich in den Sattel.
Clarissa hatte Schwierigkeiten mit Moonbeam: Die Stute weigerte sich stillzustehen.
Als Clarissa endlich einen Fuß im Bügel hatte, raste Moonbeam los, so daß Clarissa nur mit Mühe und Not in den Sattel kam und fast über die Schulter abgeworfen wurde.
»Ich hasse ungezogene Pferde«, knurrte Annette mir zu. Sie saß auf Kassim und beobachtete Moonbeams Eskapaden mit ausdruckslosem Gesicht.
»Sind alle da? Sehr gut!« Herrn Reinholds Stimme klang laut und deutlich über den Parcours. »Wir werden uns heute in zwei Gruppen aufteilen. Clarissa, Julia, Kristina und Frau Lenz reiten im unteren Teil des Parcours bei Monika. Die anderen kommen bitte zu mir.«
Ich atmete auf. Zwar waren Monikas Stunden anstrengend, aber Herrn Reinholds Einteilung zeigte, daß in unserer kleinen Gruppe die Anforderungen nicht so hoch sein würden.
Auch Kristina machte ein zufriedenes Gesicht. Nicht zufrieden war Herr Lenz. Er eilte, seinen Boxer hinter sich her ziehend, durch den Sprühregen auf Herrn Reinhold zu. »Mir wäre es lieber, wenn Sie selbst die Ausbildung meiner Frau in die Hand nehmen würden«, hörten wir ihn sagen. Herr Lenz bemühte sich nicht, seine Stimme zu dämpfen.
»Reitet ein paar Runden Schritt, laßt die Pferde nicht im Regen stehen«, mahnte Monika.

So konnten wir die kleine Debatte nicht weiterverfolgen. Frau Lenz jedenfalls blieb in unserer Gruppe und schien sogar recht glücklich darüber zu sein.
Ma Belle setzte sich mit weiten, schwingenden Schritten in Bewegung.
Eigentlich fühlte sie sich recht angenehm an. Sie war hochbeinig und eher schmal, aber weich zu sitzen. Vielleicht würden wir doch miteinander zurechtkommen, hoffte ich.
In diesem Augenblick spannte Monika einen großen, knallgelben Regenschirm auf.
Obwohl sie gut zwanzig Meter von uns entfernt stand, wirbelte Ma Belle sofort herum und blieb stocksteif stehen, um das gelbe Ungetüm anzustarren. Sie blähte die Nüstern und begann, langsam rückwärts zu gehen.
»Herrje!« Monika sah zuerst Ma Belle an und dann ihren Schirm. »Das hätte ich mir denken können. Versuch, sie daran zu gewöhnen. Wenn es nicht geht, klappe ich den Schirm wieder zusammen.«
Ich redete Ma Belle gut zu, klopfte ihren Hals und versuchte, sie energisch vorwärts zu treiben.
Sie senkte den Kopf und machte einige Hüpfer nach hinten. Das war ein unangenehmes Gefühl. Also wendete ich sie mit einiger Mühe und ritt in die andere Richtung, weg von dem Schirm. Doch als das gelbe Ungetüm erneut in Ma Belles Blickwinkel kam, schnaubte die Stute wieder und wurde steif wie ein Stück Holz.
Das kann ja heiter werden, dachte ich mit einem Seufzer.
Von Ma Belles schwingenden, ausgreifenden Bewegungen war nichts mehr zu spüren.
Die Stute war verspannt und unwillig und schielte die ganze Zeit nur auf Monikas Schirm, von dem sie so viel Abstand wie möglich halten wollte.
Als wir antrabten, schüttelte sie unwillig den Kopf und wollte davonstürmen. Das Weiße in ihren Augen blitzte.

»Julia, du sitzt zu steif«, kritisierte Monika. »Du mußt versuchen, lockerer zu sein und weicher in den Zügeln. Du darfst dich auf keinen Fall festziehen.«
Ich lockerte meinen Klammergriff etwas. Sofort ging Ma Belle zum Galopp über. Es war schwierig, sie wieder durchzuparieren. Sie scheute und machte mehrere kleine Hüpfer. Wie soll ich es nur schaffen, mit diesem Pferd zu springen? fragte ich mich verzweifelt. Ich werde ja jetzt schon kaum mit ihr fertig.
Glücklicherweise waren wenigstens keine Zuschauer in der Nähe. Der beständig fallende Regen hatte die Neugierigen vertrieben. Einzig Herr Lenz ließ sich durch den Regen nicht beirren. Sein patschnasser Boxer stand mit eingezogenem Kopf und gekrümmtem Rücken griesgrämig neben ihm.
»Wir nehmen jetzt die Trabstangen in Angriff«, erklärte Monika. »Frau Lenz beginnt.«
Tänzerin machte ihre Sache gut. Auch Cherry Flip hatte keine Probleme. Als nächste war Moonbeam an der Reihe.
Die Stute trabte flott auf die Stangen zu, riß dann überraschend Clarissa die Zügel aus der Hand und raste los. Die Stangen flogen in alle Richtungen.
»Noch einmal«, sagte Monika energisch, als sie die Stangen wieder geordnet hatte. »Diesmal reitest du langsam und konzentriert. Falls Moonbeam versucht, dir die Hand zu nehmen, reite eine Volte. Sie darf auf keinen Fall im Galopp über diese Stangen jagen.«
Es dauerte eine ganze Weile, bis Clarissa ihre Aufgabe einigermaßen bewältigt hatte.
Dann war ich an der Reihe. Ma Belle hatte schon die ganze Zeit zu den anderen Pferden hinübergeschielt und war zusehends unruhiger und nervöser geworden. Als ich jetzt erneut antrabte, war sie kaum zu halten. Es würde mir gehen wie Clarissa, wenn ich es nicht schaffte, sie wieder zu versammeln und unter Kontrolle zu bekommen.

»Ruhiger das Tempo!« rief Monika. »Paraden geben!«
Ma Belle warf den Kopf auf und verlängerte ihre Tritte. Ich fühlte mich vollkommen hilflos. Ihre schwungvollen Trabtritte warfen mich beinahe aus dem Sattel. Wie gut, daß wir leichttraben und nicht aussitzen mußten.
»Reite eine Volte«, ordnete Monika an. »Bleib auf der Volte. Nach innen einstellen. Aber mit dem äußeren Zügel dranbleiben. Äußerer Schenkel etwas weiter zurück. Noch eine Volte. Ja, jetzt wird es besser.«
Endlich hatte Ma Belle im Genick nachgegeben und den Kopf gesenkt. Sofort ließ der Druck auf dem Gebiß nach.
»Und jetzt reite auf die Stangen zu!«
Es gelang mir, Ma Belle genau auf die Mitte der Stangen zuzulenken.
Zwar versuchte sie sofort wieder, das Tempo zu steigern, und hob den Kopf etwas höher. Aber nachdem sie den Rhythmus gefunden hatte, schaukelten wir wie von allein von einer Stange zur nächsten.
Wir mußten die Übung noch mehrmals wiederholen. Bei Frau Lenz und Kristina klappte alles tadellos, nur Clarissa und ich mußten jedesmal unsere Volten drehen, um die Pferde zu versammeln und tief einzustellen, bevor wir die Trabstangen mit Anstand meisterten.
Nun deutete Monika auf zwei kleine, harmlos aussehende Hindernisse, jedes etwa sechzig Zentimeter hoch.
»Aus dem Trab anreiten, bitte. Frau Lenz beginnt.«
Jetzt wurde es allmählich ernst. Ich griff die Zügel nach und drückte meine Kappe tiefer in die Stirn.
Ich war zu aufgeregt, um mich noch auf die Leistungen der anderen konzentrieren zu können. Ich redete leise mit Ma Belle, allerdings mehr in dem Bestreben, mir Mut zuzusprechen, als mein Pferd zu beruhigen.
Ma Belle stampfte ungeduldig mit den Hufen und zackelte in weitem Bogen um Monika und die Hindernisse herum.

Es gab wieder Schwierigkeiten mit Moonbeam, die durch die Stangen jagte, statt darüberzuspringen.
Monika versuchte, ruhig zu bleiben, aber ihre Stimme klang schon deutlich gereizt, als Clarissa nach vier, fünf Versuchen noch immer nicht zurechtkam. »Okay, jetzt Julia.«
Clarissa ritt mit hochrotem Kopf wieder an ihren Platz, während ich all meinen Mut zusammennahm und mit Ma Belle das erste Hindernis ansteuerte.
»Aus dem Trab!« mahnte Monika.
Doch Ma Belle hatte eigene Vorstellungen. Sie fing an, fast auf der Stelle zu galoppieren, und schoß auf das Hindernis zu, um dann in letzter Sekunde nach rechts auszuweichen. Dabei starrte sie wieder auf Monikas Schirm und schnaubte nervös. Mit einem tiefen Seufzer klappte Monika den Schirm zusammen und stellte ihn in eine Ecke.
»Vielleicht klappt es jetzt besser«, sagte sie und sah Ma Belle und mich kopfschüttelnd an.
Ich wäre am liebsten in den Erdboden versunken. Meine Hände zitterten, als ich Ma Belle wendete und das Hindernis erneut anritt.
Ich spürte, daß die Stute noch immer nervös und gereizt war. Doch wenigstens verweigerte sie diesmal nicht. Sie nahm die niedrige Stange mit einem weichen, gleitenden Sprung und hielt zielstrebig auf die nächste Hürde zu.
Im Sprung selbst war sie wunderbar, wenn ich nur vor und zwischen den Hindernissen nicht solche Probleme mit ihr gehabt hätte!
»Na also«, sagte Monika aufmunternd, »es geht doch. Du mußt nur versuchen, über dem Sprung etwas mehr nachzugeben und die Schenkel vorn zu lassen. Drück die Absätze gut nach unten durch, dann fliegt das Bein auch nicht so leicht zurück.«
Monika stapfte durch den Regen, um zwischen den beiden Hindernissen ein weiteres zu errichten.

Die Ständer waren schon an ihrem Platz, sie mußte nur noch die Stange auflegen.
Diesmal klappte alles ein wenig besser. Sprung, zwei Galoppsprünge, Sprung, zwei Galoppsprünge, Sprung. Beim letzten Aufsetzen schlug Ma Belle zwar so heftig mit dem Kopf, daß sie fast meine Nase traf. Aber ich war so erleichtert, die Reihe diesmal gut geschafft zu haben, daß ich ihr laut patschend den Hals klopfte und selig lächelte.
Ma Belle krümmte den Rücken zu einem kleinen Bocksprung und legte die Ohren an. Sie klapperte mißmutig mit dem Gebiß.
Später erzählte mir Monika, daß die Stute Regen nicht ausstehen kann und es haßt, wenn Wasser in ihre Ohren kommt. Ich hatte wirklich keinen guten Tag erwischt.
Als nächstes galt es, vier Hindernisse in einer Reihe zu überwinden. Und dann fünf, jeweils mit einem Galoppsprung Zwischenraum. Daran trainierten wir bis zum Ende der Stunde. Ich stellte fest, daß die ganze Sache kein Problem war, wenn man beim ersten Hindernis einen guten Absprung erwischte und im Rhythmus war. Paßte es beim ersten Hindernis nicht oder kam man nicht richtig in der Bewegung mit, war schnell die ganze Sprungfolge verdorben.
»Das ist verdammt kniffelig«, schimpfte Kristina, nachdem Cherry Flip zweimal mitten in der Reihe verweigert hatte, weil der Absprung nicht mehr paßte.
Moonbeam verweigerte zwar nicht, rannte aber immer noch durch die Hindernisse, weil es Clarissa einfach nicht gelang, sie zu zügeln.
»Soll ich es einmal mit ihr versuchen?« fragte Monika, als es trotz aller guten Ratschläge einfach nicht klappen wollte.
»Nein«, stieß Clarissa trotzig aus. Dann zischte sie mir zu: »Monika kann einfach nichts richtig erklären.«
Mir fehlten die Worte. Monika gab sich besonders mit Clarissa alle erdenkliche Mühe. Aber Clarissa versuchte nicht

einmal, Monikas Anordnungen zu folgen. Sie glaubte, alles besser zu wissen.
»Julia! Auf ein letztes!«
Monika winkte und lächelte mir aufmunternd zu. Ich bewunderte sie, weil sie es immer noch fertigbrachte zu lächeln. Dabei hatte sie es wahrhaftig nicht leicht mit uns.
Konzentriert trabte ich mit Ma Belle an. Ich fühlte, wie sie sich wieder aufs Gebiß legte und versuchte, seitwärts auszuweichen. Fast automatisch ritt ich eine Volte, danach noch eine – und dann hielt ich genau auf die erste Hürde zu. Wir hatten Glück, alles paßte.
Ma Belle drückte ab, sprang leichtfüßig und schwungvoll, einmal, zweimal, dreimal – sie nahm die ganze Reihe der Hindernisse, als sei es eine Kleinigkeit.
»Gut, Julia!« rief Monika. »Du hast es richtig gemacht.«
Erleichtert klopfte ich Ma Belles Hals. Sie war naß vom Regen und außerdem verschwitzt. Ihre Augen blitzten, und sie blähte weit die Nüstern. Trotzdem kam es mir vor, als sei sie selbst mit ihrer Leistung zufrieden. Ihre Schritte wurden auf einmal wieder weiter und schwingender, und sie hatte sich mühelos durchparieren lassen.
Wenn sie immer ruhig und ausgeglichen wäre, müßte es ein Genuß sein, sie zu reiten, dachte ich mir.
Auch Herr Reinhold hatte seinen Unterricht mittlerweile beendet. Gemeinsam ritten wir in die Halle, um noch einige Minuten im Trockenen Schritt zu reiten.
Die Pferde dampften, und schon nach kurzer Zeit war die Halle mit weißem Dunst angefüllt.
»Wie in einer Sauna«, meinte Stefan, der an meine Seite ritt.
Ich nickte nur. Ich war so müde, daß ich glaubte, nicht einmal mehr sprechen zu können. Stefan grinste mich an. »Na, brauchst du immer noch einen Schluck Baldrian?«
»Eher einen Schnaps«, warf Kristina ein, die rechts von mir ritt. »Ich bin platschnaß.«

»Was du nicht sagst!« spottete Stefan.
»Jedenfalls habe ich es überstanden.« Ich zupfte Ma Belle spielerisch am Ohr und fragte mich, wieso ich mich plötzlich so wohl fühlte, fast, als hätte ich etwas geleistet.

Hilfe für ein Fohlen

Am Wochenende, als wir gerade gemütlich beim Mittagessen zusammensaßen, setzten Papa und ich gleichzeitig mit einem »Übrigens ...« zum Sprechen an. Papa legte seinen Löffel beiseite und sah mich an.
»Ja?« fragte er und musterte mich über den Rand seiner Brille hinweg.
»Übrigens«, sagte ich wieder, »ich fahre nächstes Wochenende mit den anderen aufs Turnier.«
Mama seufzte leise, was mich wunderte, und Papa schüttelte sein in Würde ergrautes Haupt.
»Nein«, widersprach er, »du fährst nächstes Wochenende mit uns nach Hamburg zu Onkel Hans und Tante Petra.«
»Was?« Das durfte doch nicht wahr sein!
Seit Jahren hatten wir nichts mehr von Papas Cousin und seiner Frau gehört. Wieso sollten wir ihnen auf einmal einen Besuch abstatten?
»Hamburg hat dir doch immer gefallen«, bemerkte Papa verständnislos.
Dummerweise traten mir Tränen in die Augen. »Natürlich finde ich Hamburg schön. Aber deine Verwandten, die interessieren mich nicht die Bohne.«

»Julia, bitte!« sagte Papa milde, aber mit Nachdruck.
»Ist doch wahr! Ich will nicht mit.« Jetzt mußte ich schon richtig mit den Tränen kämpfen. »Ich will mit den anderen zum Turnier fahren.«
»Ein anderes Mal«, meinte Mama freundlich.
»Kann ich denn nicht hierbleiben?« fragte ich flehentlich. »Es muß sich doch jemand um die Hunde kümmern.«
»Das wird Frau Schratt tun«, entgegnete Papa und löffelte weiter sein Dessert. Für ihn war der Fall erledigt.
Für mich keineswegs. »Ich wäre noch nicht einmal allein zu Haus. Bitte, laßt mich doch hierbleiben.«
»Kommt nicht in Frage. Onkel Hans und Tante Petra freuen sich schon auf dich. Und deine Cousinen auch.«
»Die bestimmt nicht«, zischte ich.
Ich hatte nur eine recht vage Erinnerung an Papas Verwandtschaft. Onkel Hans war groß und dick und hatte eine laute, dröhnende Stimme.
Tante Petra war eine schüchterne graue Maus, die ständig nervös kicherte wie ein überspannter Teenager.
Meine Cousinen, beide etwas jünger als ich, waren als kleine Kinder verwöhnt und frech gewesen.
Das mochte sich geändert haben. Ich war jedoch nicht wild darauf, es zu überprüfen.
Leider war die ganze Diskussion erfolglos. Meine Eltern blieben unerbittlich.

»Ich könnte heulen vor Wut«, teilte ich später Kristina mit und verschwieg, daß ich bereits ausgiebig geheult hatte.
»Das glaube ich«, sagte Kristina mitfühlend. »Aber es fahren ja noch andere Züge.«
Ein schwacher Trost. Meine Hoffnung war, daß dieser ungeliebte Familienausflug eine Tagestour werden würde. Dann hätte ich die Chance, doch noch aufs Turnier zu fahren, wenn auch nur für einen Tag.

Leider erfüllte sich diese Hoffnung nicht. Papa erklärte, daß wir Samstag nach Hamburg fahren, bei der lieben Verwandtschaft übernachten und erst am darauffolgenden Tag zurückfahren würden.
»Und weshalb können wir nicht den Nachtzug nehmen?« brummte ich.
»Ich höre immer Zug. Wer hat denn etwas von Zug gesagt?« Papa sah mich streng an.
»Ist doch umweltschonender. Wozu müssen wir denn das Auto nehmen?«
»Eigentlich hat Julia recht«, mischte Mama sich unerwartet ein. »Denk doch, Ernst, wie viel entspannender und angenehmer eine Zugfahrt ist.«
Papa wiegte den Kopf hin und her. Er ist nicht gerade ein leidenschaftlicher Autofahrer, für ihn ist das Auto nur Mittel zum Zweck. Deshalb war er leicht von den Vorzügen des Bahnfahrens zu überzeugen. Aber einen Nachtzug lehnte er rundheraus ab.
»Ich bin doch nicht verrückt«, protestierte er und sah mich dabei mit einem Blick an, der leicht zu deuten war.

Das Turnierwochenende näherte sich mit Riesenschritten. Ebenso schnell verschlechterte sich auch meine Laune.
Ich war zur Stelle, als am Samstag morgen um Viertel vor sieben der große Transportwagen mit den fünf Schulpferden und einem Dreijährigen vom Hof rollte, der in der Materialprüfung starten sollte.
Dem großen Wagen, den Herr Reinhold steuerte, folgte ein Zweipferdeanhänger mit Perseus und Cassandra, den Michael mit seinem Landrover zog. Eine Menge Leute drängten sich in Michaels Wagen und in der Fahrerkabine des großen Transporters.
Einige winkten mir zu, blaß und aufgeregt. Ich winkte traurig zurück.

»Mach dir nichts draus«, brummte Justus und klopfte mir auf die Schulter, so wie er einem Pferd aufmunternd den Hals klopfen würde. »Das nächstemal bist du bestimmt dabei.«
»Hoffentlich!« Ich seufzte traurig und war den Tränen nahe. Ein Blick auf die Uhr zeigte mir, daß es Zeit war, nach Hause zu gehen und mich umzuziehen. Während die anderen Spaß und Spannung auf dem Turnierplatz erlebten, mußte ich mich zwei Tage mit Verwandten langweilen.
Leider bestätigten sich meine Befürchtungen. Das heißt, eigentlich waren es nur eineinhalb langweilige Tage.
Onkel Hans war noch immer großspurig, dick und sprach mit dröhnender Stimme. Tante Petra, klein und dünn, mit dem Gesicht einer verschüchterten Spitzmaus, verschwand fast ganz hinter ihrer riesigen Brille und brachte kaum jemals ein Wort hervor. Meine Cousinen glichen eher ihrem Vater: Beide waren sehr groß und kräftig, hatten laute Stimmen und lachten laut. Wir konnten uns auf Anhieb nicht leiden.
»Wenn ich mir vorstelle, was ich alles versäumt habe, nur um mir von diesen gräßlichen Leuten das Wochenende ruinieren zu lassen!« schimpfte ich, als wir wieder im Zug saßen und der Heimat zustrebten.
»Ich bin auch froh, daß es vorbei ist«, gab Mama zu.
Papa starrte uns aufsässig an. »Was wollt ihr eigentlich? Verwandtschaftliche Beziehungen muß man pflegen.«
Seit wann denn das? dachte ich, hütete mich aber, es auszusprechen. Mir war nicht nach streiten zumute. Ich wollte nur so schnell wie möglich nach Hause, raus aus dem Sonntagsrock, rein in meine gemütlichen Jeans und ab in den Stall.
Der Zug schien zu kriechen wie eine Schnecke. Aber irgendwann hatten wir es doch geschafft. Wir stiegen am Bahnhof in unser Auto um und brausten nach Hause.
Papa war so erschöpft, daß er sich gleich eine Stunde aufs Sofa legen mußte. Und Mama beschloß, sich bei einem langen Spaziergang mit den Hunden von den Strapazen des Wo-

chenendes zu erholen. Ich war in Windeseile umgezogen und stürzte aus dem Haus Richtung Reitverein.
Es war bereits halb fünf. Am Horizont schoben sich Wolkenberge zusammen. Nachdem das Wetter sich seit mehreren Tagen nur von seiner besten Seite gezeigt hatte, stand jetzt wohl wieder Regen auf dem Programm. Der Wind frischte auf, in den Blättern der Bäume raschelte es, und das Gras schlug Wellen wie ein Meer.
Gerade als ich den Stall erreichte, fielen die ersten Tropfen. Der Stall war wie ausgestorben. Wo Justus wohl steckte? Ich hätte zu gern einen ersten Lagebericht von ihm bekommen.
»Justus!« rief ich zaghaft.
Als keine Antwort kam, rief ich lauter. »Justus! Bist du da?«
»Hier bin ich«, brummte Justus' Stimme aus einer der Boxen. Die Tür war zugezogen, deshalb hatte ich ihn nicht gleich bemerkt.
»Justus, sag doch, wie war es gestern . . .?« Meine Stimme erstarb. Ich sah in die Box, in der Justus sich um ein Pferd bemühte, einen großen Braunen, der mit schweißnassen Flanken und weit aufgerissenen Augen in seltsam gestreckter Stellung dastand, hin und wieder unruhig mit den Hufen auftrat und sich nach seinem Bauch umsah.
»Oh, hat Poseidon eine Kolik?«
»Scheint so. Ich habe gerade den Tierarzt angerufen.« Justus streichelte dem verstörten Pferd beruhigend den Hals.
»Der Arme!« Ich kraulte Poseidon die Nüstern. Er reagierte nicht. »Hoffentlich kommt der Tierarzt bald.«
»Ja.« Justus zog dem Pferd vorsichtig ein Halfter über. »Wir werden mal versuchen, ein wenig spazierenzugehen.«
Nur mit Mühe gelang es ihm, das Pferd zum Verlassen der Box zu überreden. Poseidon bewegte sich langsam und widerwillig, setzte zögernd einen Fuß vor den anderen und wollte immer wieder stehenbleiben.
»Ihr müßt in die Halle«, erklärte ich, »draußen regnet es.«

»Hab' ich gehört.« Wenn Justus sich Sorgen machte, war er kurz angebunden.
Die Regentropfen trommelten mit Wucht auf das Stalldach, und der Wind pfiff um alle Ecken.
»Ach du Schreck, auch das noch!« Justus, der mit dem widerstrebenden Poseidon die erste Runde gedreht hatte, blieb plötzlich stehen. »Das habe ich ganz vergessen.«
»Was denn?«
»Safira und Sirius. Die habe ich vorhin rausgelassen. Wahrscheinlich sind sie schon ganz durchgeweicht.«
»Soll ich sie reinholen?«
»Traust du dir das zu, ganz allein?«
»Das muß ich wohl«, sagte ich schulterzuckend. Schließlich war kein Mensch da, der mir helfen konnte.
»Gut. Bring mir vorher noch eine Decke für Poseidon, ja?«
Ich holte rasch eine Decke und lief dann hinaus in den strömenden Regen. Nach einer Minute war ich bis auf die Haut durchnäßt. Mein Haar hing mir in Strähnen ins Gesicht. Die Wärme des Tages war wie weggeblasen, und der kalte Wind ließ mich frösteln.
Auf welcher Weide waren nun Safira und Sirius? Ich kniff die Augen zusammen und versuchte, die drei großen Koppeln zu überblicken. Es war schwer, durch den Regenschleier etwas zu erkennen. Ich rannte näher an die Umzäunung, wischte mir das Wasser aus Gesicht und Augen und blinzelte wieder in den Regen.
Nichts. Die Koppeln waren leer. Natürlich – alle drei Gatter standen offen. Der Auslauf! fiel mir ein. Ich machte kehrt, rannte durch Pfützen um den Stall herum und kam keuchend am Auslauf an.
Auch er war leer! Das Gatter pendelte knarrend im Wind hin und her. Die Kette lag am Boden.
Ich hob sie auf und betrachtete sie. Sie war völlig intakt, keines ihrer Glieder war gesprengt. Sekundenlang stand ich da

und starrte vor mich hin. Dann machte ich auf dem Absatz kehrt und rannte zurück in die Reithalle.
»Justus!« rief ich. »Alle Plätze sind leer! Wo waren Safira und das Fohlen?«
»Auf der kleine Koppel«, antwortete Justus.
»Aber sämtliche Eingänge sind doch offen«, entgegnete ich aufgeregt.
»Dieses Luder!« rief Justus und stampfte mit dem Fuß auf. »Ich hätte sie nicht vergessen dürfen.« Brummend fuhr er fort: »Safira haßt Regen. Und sie ist unglaublich geschickt. Sie ist schon mehr als einmal aus der Koppel ausgebrochen.«
»Aber wieso ist sie nicht in den Stall gelaufen?«
Justus setzte Poseidon wieder in Bewegung und schüttelte den Kopf, als wisse er darauf auch keine Antwort.
»Und wenn sie jemand gestohlen hat?« Ich fühlte, wie ich bei dem Gedanken vor Schreck ganz blaß wurde.
»So ein Unsinn!« schimpfte Justus. »Wie kannst du so etwas annehmen? Ausgekniffen ist sie, oder ihr Herr Sohnemann ist weggelaufen, und da mußte sie natürlich hinterher. Sei so gut und halte Ausschau nach ihnen, Julia, ich kann hier jetzt nicht weg.«
Also machte ich wieder kehrt. Als ich das schützende Gebäude verließ, schlugen mir Wind und Regen so heftig entgegen, daß ich nach Luft schnappen mußte.
Ich sollte nach den beiden Pferden Ausschau halten, hatte Justus gesagt. Wie stellte er sich das vor? Sollte ich blindlings in irgendeine Richtung rennen und hoffen, auf die zwei Ausreißer zu treffen? Hufspuren konnte man keine mehr erkennen, der Regen hatte den Boden total aufgeweicht. Schade. An den kleinen Abdrücken von Sirius' zierlichen Fohlenhufen hätte man sich gut orientieren können.
Nach einigem Überlegen stapfte ich in Richtung Wald. Ich konnte mir nicht vorstellen, daß Safira und Sirius bei diesem Wetter über freies Feld streifen würden. Andererseits war es

überhaupt unverständlich, weshalb sie nicht zum Stall zurückgelaufen waren.
Wenn Safira schlechtes Wetter nicht leiden konnte, weshalb trieb sie ihren kleinen Strolch nicht zum schützenden Stallgebäude zurück?
Ich fühlte mich allein und hilflos. Weshalb war denn keine Menschenseele hier, die mir raten und helfen konnte?
Als ich den Wald erreichte und mich unter das dichte Blätterdach flüchtete, fühlte ich mich gleich ein bißchen wohler. Der Wind rauschte in den Baumkronen. Das dichte Laub der Bäume hielt einiges von dem unangenehmen Regen ab. Trotzdem war ich naß und kalt und klapperte mit den Zähnen. Am besten war es, in Bewegung zu bleiben.
Nach einer Weile begann ich zu rufen. »Safira!« lockte ich. »Safira, komm hierher!«
Wahrscheinlich war Safira längst über alle Berge und konnte mich sowieso nicht hören. Aber vielleicht . . .
Ein seltsames Gefühl beschlich mich. Vielleicht war sie ja ganz in der Nähe, und irgend etwas war passiert.
»Safira!« rief ich wieder.
Dabei stolperte ich den aufgeweichten Waldweg entlang, über Grasbüschel und Wurzeln.
Dann gabelte sich der Pfad, und ich blieb stehen. Der Weg rechter Hand war breit und gerade, eine wunderbare Strecke, um ausgreifend zu traben oder zu galoppieren. Der linke Weg war viel schmaler und gewundener. Auf beiden waren kaum mehr Hufabdrücke zu erkennen.
Einer plötzlichen Eingebung folgend, bog ich nach links ab. Natürlich konnte ich mich irren. Ich verließ mich auf mein Glück und hoffte das Beste.
So lief ich weiter, nach allen Seiten Ausschau haltend und dabei immer wieder Safiras Namen rufend.
Nach einer Weile ließ der Wind etwas nach, und die Regentropfen fielen weniger dicht.

Ich rieb mir die Augen, wrang meine nassen Haare aus und kippte das Wasser aus einem meiner Schuhe. Die wenigen Sekunden nutzte ich zum Atemholen.
Dann tappte ich weiter, bis der Weg sich erneut gabelte. Der winzige Pfad, der linker Hand weiterführte, war so schmal, daß ich glaubte, er würde sich bereits nach wenigen Metern im dichten Wald verlieren.
Als ich mich gerade nach rechts wenden wollte, hörte ich es – ein Geräusch wie das Schnauben eines Pferdes. Ich blieb stehen und lauschte.
»Safira!« rief ich dann und hielt erneut den Atem an. Ein gellendes Wiehern gab mir Antwort.
»Safira!« rief ich wieder. Ich war ziemlich sicher, daß das Wiehern von links gekommen war. Wieder wieherte ein Pferd, und ich stapfte hastig den schmalen Pfad entlang, stolperte über eine Wurzel und fiel der Länge nach hin, rappelte mich wieder auf und rannte weiter.
Lieber Gott, betete ich stumm, bitte laß es Safira sein. Dann sah ich den dunklen Schatten eines Pferdekörpers schräg vor mir zwischen einigen Bäumen.
»Safira! Sirius!«
Die Stute wieherte laut und trampelte nervös mit den Hufen. Sie warf den Kopf vor und zurück und starrte zu mir herüber. Ich wunderte mich, weshalb sie mir nicht entgegenlief. Neben ihr sah ich jetzt Sirius, der mit hängendem Kopf dastand und keinen Mucks von sich gab.
Es muß etwas passiert sein! schoß es mir durch den Sinn. Mein Herz zog sich krampfhaft zusammen. Wenn nur keins der Pferde ein Bein gebrochen hatte!
Nasse Zweige schlugen mir ins Gesicht, als ich mich die letzten drei, vier Meter quer durch den Wald zu den Pferden vorkämpfte. Beide waren plitschnaß, ihr Fell schimmerte fast schwarz und dampfte. Es regnete kaum noch, und ebenso schnell wie der Himmel sich vorher bezogen hatte, klarte er

jetzt wieder auf. Ein zaghafter Sonnenstrahl lugte durch das Laub der Bäume und fiel auf Safiras Fell. Doch ich starrte nur auf Sirius, der mit hängendem Kopf und weit geblähten Nüstern dastand. Seine langen Streichholzbeine wackelten.
»Aber mein Kleiner, was hast du denn?« Meine Stimme klang heiser, als ich Sirius umarmte und seine Mähne kraulte. Das sonst so freche, vorwitzige Fohlen warf mir einen kläglichen Blick zu und rührte sich nicht.
Die Beine! dachte ich. Und dann sah ich es. Sirius war mit einem Vorderfuß zwischen einige Baumwurzeln geraten. Der Fuß steckte bis über die Fessel in den Wurzeln.
Offenbar hatte der kleine Hengst bereits versucht, sich selbst zu befreien, denn als ich mich bückte und nach seinem Fuß tastete, fühlte ich, daß er aufgeschrammt und wundgescheuert war. An einer Stelle fühlte ich halbgeronnenes Blut, und dann ertasteten meine zittrigen Finger zwischen dem nassen Holz ganze Büschel von Haaren.
»Sirius, du armer Kerl!« In meiner ersten Hilflosigkeit wußte ich mir keinen anderen Rat, als dem Fohlen gut zuzusprechen und es zu streicheln.
Dann gelang es mir, klarer zu denken. Es war ein Wunder, daß sich Sirius bei seinem Befreiungsversuch keine schwereren Verletzungen zugezogen hatte. Oder täuschte ich mich? Wenn er sich am Ende die Fessel gebrochen hatte? Aber könnte er dann so dastehen, auf allen vieren? Würde er sich dann das Bein abtasten lassen?
»Auf alle Fälle müssen wir dein Bein da herausbekommen«, sagte ich laut. Lautes Sprechen hilft mir meistens, meine Gedanken zu ordnen. »Du mußt schön stillhalten und darfst nicht versuchen, herumzuzappeln oder selbst anzuziehen.«
Sirius blinzelte mich an. Er ließ noch immer den Kopf hängen. Durchnäßt, wie er war, und mit seinen langen, zur Seite hängenden Ohren sah er wie ein kleines, müdes, trauriges Eselchen aus.

Safira war nervös. Sie schnaubte, spielte mit den Ohren und ließ unruhig die Augen blitzen. Ich streichelte kurz ihren nassen Hals. »Es wird schon gutgehen«, so sprach ich eher mir als ihr Trost zu.
Dann bückte ich mich wieder und versuchte vorsichtig, Sirius' Fuß zu bewegen. Verflixt! dachte ich. Wenn ich doch nur Hilfe hätte! Kaum hatte ich den Gedanken zu Ende gebracht, hörte ich tatsächlich Hufgeklapper. Sirius hob den Kopf, und Safira wieherte laut und schrill.
»Hallo!« schrie ich so laut ich konnte. »Hallo, hierher! Ich brauche Hilfe!«
Der Hufschlag entfernte sich, und ich schrie noch lauter. Meine Stimme überschlug sich.
»Hilfe! Bitte hierher! Hilfe!«
Doch der Hufschlag verklang in der Ferne. Fassungslos sank ich in mich zusammen.
Bis ich eine Stimme rufen hörte: »Moonbeam, Moonbeam! Warte, Moonbeam!«
Es war Clarissa! Wahrscheinlich war sie wieder einmal abgeworfen worden und jagte jetzt hinter ihrem Pferd her. Weshalb reagierte sie nicht auf meine Hilferufe? Natürlich, sie hatte nur Moonbeam im Kopf, die sich bei ihrem Galopp durch den Wald verletzen konnte, Moonbeam, die aus Zucker war, wie Clarissa glaubte, die nie auf die Koppel durfte, nie mit anderen Pferden zusammensein und nie schnell galoppieren durfte.
»Clarissa!« schrie ich. »Komm her!«
Clarissas Rufen verstummte. Sicher hatte sie mich gehört. Wahrscheinlich überlegte sie, was zu tun war.
»Komm her!« brüllte ich wütend.
Doch Clarissa kam nicht. Statt dessen tauchte plötzlich ein riesiger, zottiger Hund auf. Er blieb stehen und sah mich an. Safira schnaubte abwehrend, und Sirius begann, erschrocken zu zappeln.

»Ruhig, ruhig«, bat ich flehentlich, »du mußt ruhig stehen.«
Der Hund kam mir bekannt vor. Und als ich eine seltsame Gestalt, klein und rund, mit dreieckigem Hut auf dem Kopf, zwischen den Bäumen auftauchen sah, da wußte ich, wer das triefend nasse, buntgefleckte Ungetüm war: Napoleon, der Hund des Admirals.
»Hallo!« rief ich wieder und zerbrach mir den Kopf über den richtigen Namen des Admirals.
»Guten Abend«, grüßte der gedrungene kleine Mann und zog seinen Hut.
Ich wünschte, er hätte sich all diese Förmlichkeiten gespart.
»Ich brauche Hilfe«, erklärte ich aufgeregt.
»Napoleon, Platz!« befahl der Admiral mit leiser, sanfter Stimme. Dann ging er auf Sirius zu, ohne mich weiter zu beachten. Er griff zwischen die Wurzeln, tastete nach dem Fuß des Fohlens, bewegte ihn ein wenig und bückte sich tiefer, um sich die Wurzeln genauer zu betrachten.
»Hier ist eine etwas größere freie Stelle«, erklärte er mit seiner sanften, fast träumerischen Stimme. »Wir müssen versuchen, den Fuß vorsichtig ein Stück nach vorn zu bewegen, dann können wir ihn wahrscheinlich herausziehen.«
Ich nickte nur. Dabei war ich unendlich erleichtert, nicht mehr mutterseelenallein und für alles verantwortlich zu sein.
»Halte das Fohlen fest«, befahl der Admiral.
Während er langsam und vorsichtig Sirius' Fuß nach vorn bewegte, sprach ich auf den kleinen Hengst ein und kraulte ihn. Er stand ganz still, zitterte zwar, verhielt sich aber so ruhig, als wüßte er, daß wir ihm helfen wollten.
»Geschafft!« Der Admiral richtete sich halb auf. »Der Fuß ist nun frei.«
Ich starrte zu Boden. Tatsächlich, da stand Sirius auf allen vier Beinen auf dem durchweichten Waldboden. Er hob prüfend ein Bein nach dem anderen.
»Ist alles in Ordnung?« fragte ich drängend.

»Ich glaube schon. Führe ihn zurück auf den Weg.«
Mit zitternden Fingern griff ich nach Sirius' Halfter.
»Komm, mein Kleiner, komm schon!« lockte ich.
Sirius sträubte sich zuerst, folgte mir dann aber mit staksenden Schritten. Er lahmte zwar ein bißchen, konnte den verletzten Fuß aber aufsetzen.
»Ist nichts gebrochen?« fragte ich ängstlich.
»Ich glaube nicht. Natürlich muß ein Tierarzt nach ihm sehen.« Der Admiral lächelte verträumt, zog dann urplötzlich seinen Hut und deutete eine kleine Verbeugung an. »Ich empfehle mich.«
Zwei Sekunden später war er schon zwischen den Bäumen verschwunden.
»Warten Sie!« rief ich ihm nach, verwundert, daß er mich mit zwei Pferden einfach meinem Schicksal überließ. Aber er hörte nicht mehr. Napoleon folgte ihm wie ein riesiger, zottiger Schatten.
»Na dann!« murmelte ich verstört. Sirius trottete neben mir her wie ein braver, übergroßer Hund. Für heute war ihm die Lust auf alle Eskapaden vergangen. Safira folgte uns dicht auf den Fersen; sie hielt ihre Nase die ganze Zeit an Sirius' Flanke und wich keinen Zentimeter von seiner Seite.
Als wir endlich den Drachenhof erreichten, stand Justus neben dem blauen Kleinbus des Tierarztes. Der Tierarzt saß hinter dem Steuer, hatte das Fenster heruntergekurbelt und redete auf Justus ein. Als er uns entdeckte, brach er ab.
»Da kommen ja Ihre Ausreißer«, sagte er.
Justus wirbelte herum. Auf seinem alten, faltigen Gesicht erschien ein Grinsen. »Gott sei Dank!« rief er. »Du hast sie gefunden! Da fällt mir ein Stein vom Herzen.«
»Wie geht's Poseidon?« wollte ich wissen.
»Schon viel besser«, beruhigte Justus mich.
Ich deutete auf Sirius. »Der Kleine hat sich das rechte Vorderbein verletzt.«

»Was?« Justus stürzte auf Sirius zu, und der Tierarzt kletterte wieder aus seinem Bus. Während er dann vorsichtig Sirius' Fuß abtastete und begutachtete, erzählte ich von den Erlebnissen der vergangenen Stunde.

»So was!« sagte Justus immer wieder kopfschüttelnd.

Der Tierarzt gab Sirius vorsorglich eine Spritze gegen Phlegmone – gegen Tetanus war er schon geimpft. Dann erklärte er Justus, wie die wunden Stellen zu behandeln waren, und gab ihm eine Salbe.

»Haben wir alles. Weiß ich alles«, brummte Justus, als der Tierarzt uns verlassen hatte. Er nahm Sirius beim Halfter. »Komm, mein Jungchen, jetzt mal ab in den Stall. Du bist ja klitschnaß.«

Gemeinsam rubbelten wir die Pferde trocken und legten ihnen leichte Decken über.

Clarissa, die vor Moonbeams Box herumstand, schielte immer wieder zu uns herüber. Sie sagte nichts, und auch ich hatte keine Lust, mit ihr zu sprechen. Sie hatte sich einfach zu dumm verhalten. Ich half Justus, Sirius' Bein zu verarzten, und dann sahen wir noch einmal nach Poseidon.

»Was für ein Tag!« Ich seufzte. Dann mußte ich lachen.

Justus nickte gedankenschwer.

Während wir uns um die Pferde gekümmert hatten, war uns richtig warm geworden. Aber jetzt, da ich meine Arbeit be-

endet hatte und die Anspannung der letzten Stunde allmählich wich, begann ich wieder zu frösteln.
Ich war noch immer durchnäßt und von all der Aufregung etwas mitgenommen.
»Na, komm mal mit«, brummte Justus.
Ich gehorchte zähneklappernd.
In Justus' winziger Wohnung neben dem Stall rubbelte ich mir gründlich die Haare trocken, zog einen alten, gemütlichen Pullover an, den Justus mir auslieh, und dazu eine weite verwaschene Trainingshose mit zu kurzen Beinen.
»Da, trink das!« befahl Justus und hielt mir ein Glas mit einer klaren Flüssigkeit entgegen.
»Was ist das?« wollte ich wissen.
»Schnaps.«
»Aber Justus, ich kann doch keinen Schnaps trinken.«
»Doch, der wärmt«, beharrte Justus.
Also kippte ich nach einigem Zögern den Schnaps hinunter. Er brannte wie Feuer, wärmte aber tatsächlich. Ich mußte husten, und Tränen traten mir in die Augen.
Justus lachte gutmütig, trank dann auf den Schrecken ein Gläschen mit und betrachtete mich wohlwollend.
»Hast du fein gemacht«, lobte er.
»Der Admiral hat mir sehr geholfen«, sagte ich. »Eigentlich hat er das meiste getan.«
»Ist ein ganz anständiger Kerl«, gab Justus zu. »Bißchen verdreht, aber ganz anständig.«
Ich nickte.
Durchs Fenster blinzelte die Abendsonne. Der Himmel war wieder blau und sah aus wie frisch gewaschen, strahlend und hell. Bald würden unsere Turnierreiter zurückkehren. Sicher hatten sie allerhand zu erzählen. Aber das hatte ich auch.
»Wir bekommen ein neues Schulpferd«, sagte Justus unvermittelt und riß mich so aus meinen Gedanken.
»Wie bitte? Ein neues Schulpferd?«

Justus legte einen Zeigefinger auf die Lippen. »Ja. Soll noch keiner wissen. Aber dir sag' ich's. Das Pferd, das Herr Reinhold und Michael vor ein paar Wochen angeschaut haben.«
»Oh!« Ich staunte. »Das ist ja toll! Und . . .« Meine Gedanken purzelten durcheinander.
Ein Pferd mehr, das bedeutete, daß ein weiterer Reiter an den Dressur- und Springstunden teilnehmen konnte. Ich schluckte, sprachlos vor Aufregung. Es war, als hätte Justus meine Gedanken erraten. Er blinzelte freundlich.
»Ich rede mit dem Chef«, versprach er. »Hast dir 'ne kleine Belohnung verdient. Sicher sieht er das auch so.«
Hoffentlich! Hoffentlich! dachte ich und sah mit verklärtem Blick an die Decke. Plötzlich war ich randvoll mit Freude.
Ein neues Schulpferd. Und mit etwas Glück würde ich es reiten dürfen . . .